친일은 선린이요

친북은 반역이다

친일은 선린이요 친북은 반역이다

2023년 2월 28일 초판 1쇄 발행

저　자 ｜ 자유논객연합
펴낸이 ｜ 박 기 봉
펴낸곳 ｜ 비봉출판사
출판등록 ｜ 2007-43 (1980년 5월 23일)

주　소 ｜ 서울 금천구 가산디지털2로 98. 2동 808호(가산동, IT캐슬)
전　화 ｜ (02) 2082-7444
팩　스 ｜ (02) 2082-7449
E-mail ｜ bbongbooks@hanmail.net

ISBN ｜ 978-89-376-0494-2 03300

값 15,000원

친일은 선린이요
친북은 반역이다

- 우리는 토왜(土倭)로소이다 -

자유논객연합 지음

비봉출판사

권두사

붓은 劍이요 논객은 戰士다.
나라에 망조가 들었으니 논객들이여,
궐기하라!

우리 논객넷의 논객들은 좌익난적으로부터
자유대한민국을 수호하기 위하여
결사항전의 각오로 전국에서 모여든
일당백의 논객들입니다.

그 어느 곳에서도 단돈 일원 한 장 받은 것이 없이
우리가 십시일반 모아서 우리 손으로 만들고
우리 스스로 운영하는 논객넷입니다.

우리가 바라는 것이 있다면
후일 역사의 한 페이지에
논객넷에서 무명의 시민들이 모여
대한민국을 위해 용기와 희생으로
투쟁하고 헌신했다는
후대들의 평가 한 줄일 뿐입니다.

북한에 있는 것과 없는 것

사람은 있으나 인생이 없고
자원이 있으나 전기는 없고
산천은 있으나 초목이 없고
저수지가 있으나 물은 없고
논밭은 있으나 식량이 없다.

삶은 있으나 권리가 없고
나라가 있으나 주권은 없고
인민은 있으나 자유가 없고
영토가 있으나 내 땅은 없고
전쟁만 있으니 평화는 없다.

자유가 없으니 독재만 있고
인권이 없으니 수용소는 건재하고
행복이 없으니 고통은 넘쳐나고
식량이 없으니 수명은 짧아지고
전기가 없으니 별빛은 빛난다.

있는 것은 독재자의 뱃살이요
없는 것은 인민의 배부름이라.
있는 것은 평양의 가짜 아파트요
없는 것은 시골의 굴뚝 연기라.
있는 것은 독재자의 동상이요
없는 것은 인민의 자존심이다.

인민에게 늘상의 고통은 인권유린이요
인민에게 순간의 기쁨은 핵폭탄이다.
인민에게 영원히 있는 것은 지옥이고
인민에게 잠깐 있던 것은 지상천국이다.

인민이 헐벗은 것은 우리에게 슬픔이지만
인민이 굶주린 것은 독재자에게 안심이다.

그들이 바라는 것은 적화통일이요
우리가 바라는 것은 자유통일이다.
그들이 바라는 것은 공산의 나라요
우리가 바라는 것은 자유의 나라다.

여기서 그들은 종북좌파요
여기서 우리는 애국우파이다.
나라가 망하려면 종북좌파를 따르고
나라가 흥하려면 애국우파를 지지하라.

靑年들이여, 대한민국 *右派*가 되라!

김일성을 숭배하면 좌파가 되고, 이승만을 존경하면 우파가 된다.
증오심에 찌들면 좌파가 되고, 자부심에 빛나면 우파가 된다.
밤이슬에 젖으면 좌파가 되고, 태양빛에 물들면 우파가 된다.

좌파는 대한민국을 증오하고, 우파는 대한민국을 사랑한다.
좌파는 습기 찬 지하에서 번식하며, 우파는 푸른 하늘에서 자란다.
좌파는 선동을 먹고 자라며, 우파는 긍지를 먹고 자란다.

김일성에 관대하면 좌파가 되고, 박정희를 존경하면 우파가 된다.
증오의 죽창을 들면 좌파가 되고, 건설의 삽을 들면 우파가 된다.
현실을 부정하면 좌파가 되고, 진실을 긍정하면 우파가 된다.

좌파는 퍼주기를 했고, 우파는 모으기를 했다.
좌파는 죽창과 화염병을 들었고, 우파는 총과 삽을 들었다.
좌파는 남의 피를 흘리게 했고, 우파는 스스로 땀을 흘렸다.

추상을 애호하면 좌파가 되고, 사실을 중시하면 우파가 된다.
증오로 선동하면 좌파가 되고, 진실에 호소하면 우파가 된다.
추상적이면 좌파가 되고, 구체적이면 우파가 된다.

좌파는 좌익의 다른 이름이고, 우파는 우익의 같은 이름이다.
좌파는 빨갱이에서 태어났고, 우파는 대한민국에서 태어났다.
좌파는 대한민국 건국을 반대했고, 우파는 대한민국을 건국했다.

좌파는 노동자가 되고, 우파는 근로자가 된다.
좌파는 파괴의 상징이었고, 우파는 건설의 대명사였다.
좌파는 나라를 뜯어먹고, 우파는 나라를 살찌운다.

남 탓으로 돌리면 좌파가 되고, 자기 계발에 매진하면 우파가 된다.
대한민국 발전을 부정하면 좌파가 되고, 긍정하면 우파가 된다.
평등한 세상을 꿈꾸면 좌파가 되고, 잘살자고 노력하면 우파가 된다.

좌파는 떼 법으로 우기고, 우파는 법조문에 위임한다.
좌파는 떠드는 소수이고, 우파는 침묵하는 다수이다.
좌파는 곰팡이처럼 번식하고, 우파는 봄바람처럼 확산한다.

민중을 생각하면 좌파가 되고, 국민을 생각하면 우파가 된다.
관념에 빠지면 좌파가 되고, 실질을 숭상하면 우파가 된다.
철학에 빠지면 좌파가 되고, 역사를 깨치면 우파가 된다.

좌파는 과거에 몰입하고, 우파는 미래를 지향한다.

좌파는 종북이고, 우파는 반공이다.

좌파는 김일성 중심 사상이고, 우파는 세계 중심 사상이다.

좌파는 역사에 침을 뱉고, 우파는 역사에 경배한다.

좌파는 피를 숭배하고, 우파는 땀을 숭상한다.

좌파는 세상을 뒤집고, 우파는 세상을 세운다.

청년들이여, 대한민국의 우파가 되라!

머리말

　이 책은 자유논객연합이 운영하는 논객넷에 게시된 글 중에 주제에 맞는 글들을 추려내어 만들었다. 논객넷 논객들의 글을 책으로 만든 것은 이번이 세 번째다. 1집과 2집이 글쓴이 논객 위주로 글을 추려내어 책을 만들었다면, 이번 3집은 특정한 소재의 글들을 추려내어 책을 만들었다. 이 책에서 초지일관 드러내고자 하는 소재는 '친일'이다.

　2019년 3·1절 기념사에서 문재인 대통령은 이렇게 말했다.
　"아직도 사회에서는 경쟁 세력을 비방하는 도구로 빨갱이라는 말이 사용되고 있다. 변형된 색깔론이 기승을 부리는 것으로, 빨갱이라는 단어는 하루빨리 청산해야 할 대표적인 친일잔재이다."
　문재인 정권의 반일 캠페인에 부응하여 조국 민정수석비서관은 SNS에 '죽창가'와 '토착왜구'를 올리며 반일선동을 부추겼다. 죽창가는 반체제 인사였던 김남주가 동학농민운동을 기념해 작사한 노래였고, 토착왜구는 한국인이면서도 일본 편을 든다는 이유로 국민을 비하하는 용어였다.

　친일파와 토착왜구는 문재인 정권 내내 횡행하던 문재인 정권의 주력 무기였다. 빨갱이라는 단어를 입에 올렸다고 친일파로 몰아붙이는 문재인 정권이야말로 경쟁 세력을 친일파로 몰아붙이는 변형된 색깔론의 주인공이었다.

문재인의 친부는 일제시대 흥남시청 농업과장으로 알려졌다. 농업 과장은 일제의 양곡 징발을 담당했다고 한다. 문재인 대통령의 딸 다혜 씨는 일본의 고쿠시칸대학에 유학했다. 고쿠시칸대학은 민비 시해 사건을 일으킨 일본 극우집단인 겐요샤(玄洋社)가 설립한 재단으로, 황국과 욱일기를 강조하는 극우대학으로 유명했다.

문재인 정권의 논리대로라면, 문재인도 친일파요 토착왜구였다. 문재인은 국민에게 친일파 굴레를 씌우고 반일을 강요하면서, 자기 딸은 일본 우익대학에 유학을 보냈다고 일본 언론들은 비웃었다.

유니클로 잠바를 입었다는 이유 하나로 문재인 세력은 국민을 향해 친일파로 공격했다. 그렇다면 문재인 정권은 어떠한가. 10억 원이 넘는 '야스쿠니 신사 뷰' 아파트를 가진 의원이 민주당에 있었고, 어느 보고서에는 일제 렉서스를 이용하는 의원들은 대부분 민주당 의원이었다. 그리고 친일파 자손들이 가장 많았던 정당이 민주당이었다. 문재인과 노무현은 동양척식회사 관련 소송에서 서류위조까지 하면서 친일파였던 김지태 씨 유족의 변론을 맡아 승소했다. 문재인 정권이야말로 친일파 정권이요, 토착왜구 정권이었다.

토착왜구라는 용어도 동학농민운동의 농민을 비하하는 용어였다. 동학농민운동의 주체세력은 농민 등 민중세력이었고, 이를 진압하는 주력 세력은 양반세력이었다. 당시 동학농민운동을 진압하는 양반세력이 농민세력을 비하하기 위하여 만들어낸 용어가 토착왜구였다. 문재인 정권은 동학농민운동을 동학혁명으로 추대하며 성대한 기념식과 기념공원도 만들었다. 그러면서 한편으로는 토착왜구라고 비난한 셈이다. 무식하면 조상 묘를 뒤집는 법이다.

똥 묻은 개가 겨 묻은 개를 나무라는 상황, 이런 상황을 만들어낸 문재인 정권의 모순을 비웃고자 했다. 1945년에 일본제국은 멸망했다. 그리고 그로부터 두 세대가 흘러 당시 친일을 했던 사람들은 모두 사망했다. 지금 대한민국 국민은 일제시대에 코흘리개 유년 시절을 보냈던 노년층이 일부 생존해 있고, 나머지 대부분의 국민은 일제시대를 구경도 못 해본 사람들이다. 이런 상황에 친일파는 더 이상 대한민국에 존재하지 않는다. 문재인 정권은 존재하지도 않는 친일파를 때려잡겠다며 귀신과 싸우고 있다. 이런 정신 나간 정권이 다시는 이 땅에 태어나지 않도록 국민을 계몽하기 위하여 이 책은 발간되었다.

대한민국 국민 대부분은 일본을 사랑한다. 일부 빨갱이 사상에 젖은 극소의 무리가 '노재팬(NO JAPAN)'과 반일(反日)을 선동할 뿐이다. 코로나 사태가 잦아들면서 일본 관광에 나선 한국 관광객은 7천%가 증가했다고 언론은 보도했다. 이게 대한민국의 국민 정서다. 한국을 싫어하는 일본 국민도 일부에 불과하다고 일본인은 말한다. 어디에나 혐한은 존재하는데, 한국의 좌익언론들이 반일을 선동하기 위하여 일본의 혐한을 과장 왜곡 확대했을 뿐이다.

이 책의 본 목적은 문재인 정권이 망가뜨려 버린 한일 친선을 복구하는 데 일조하기 위함에 있다. 한일 민간외교의 가교가 되기 위하여 이 책을 일본 국민에게 바친다. 이 책을 일본어로 번역하여 일본 국민이 읽게 할 계획이다. 한국에도 일본을 사랑하는 사람들이 살고 있음을 일본 국민에게 알리고 싶다. 그리고 이 책에서 조금이라도 수익이 발생한다면 부용회 할머니들을 위해 쓰겠다. 일본을 좋아하는 것이 친일이라면, 우리는 친일파요 토착왜구다. 이게 빨갱이보다 종북파보다 품격이 있고 이성적이고 애국적이다.

자유논객연합 비바람 김동일 회장

목 차

◇ 나는 친일파가 되어 돌을 맞겠습니다

– 최성령

日本은 밉지만, 親日派도 밉지만,
일본이 아니었으면
지금 대한민국은 어떻게 되었을까요?

조선조 末의 한반도는 나라가 아니었습니다.
지금의 북한과 實相이 너무 비슷합니다.
백성은 섬김의 대상이 아니라 착취의 대상이었습니다.
국제정세는 눈 감고 권력투쟁만 沒頭했습니다.

나라의 곳간은 비었고 백성은 도탄(塗炭)에 빠졌습니다.
實事求是는 하지 않고 공자왈 맹자왈만 했습니다.
당시는 朱子學, 陽明學, 性理學만 공부하면
양반이 되었고 벼슬아치가 되었습니다.
하다 못해 관아(官衙)의 吏房만 되면 家門이 살아났습니다.

착한 백성이 오죽하면 東學亂을 일으켰겠습니까?

그것은 이래도 죽고 저래도 죽을 목숨,

굶어 죽으나 맞아 죽으나 마찬가지의 목숨,

죽기 전에 짹 소리라도 한 번 내보자는

바로 그 절규(絕叫)의 發露가 아니었습니까?

이쯤에서 自虐을 멈추고 本論으로 들어갑니다.

그 때에 우리나라가 일본에 먹히지 않았다면

우리는 獨立국가로 유지가 되었을까요?

러시아나 중국, 유럽 列强들이 멀뚱멀뚱 쳐다만 보았을까요?

일본은 조선을 먹기 위하여 淸日전쟁과 露日전쟁을 치렀습니다.

조선의 朝廷은 일본, 러시아, 청국 三國에

간에 붙었다 쓸개에 붙었다 하는 外交전략을 썼습니다.

그것은 自主力量이 전혀 없는 나라가 쓰는 비겁한 전략입니다.

그 終末은 어느 한 나라의 植民地가 되는 것입니다.

그것은 암컷이 發情하면 수컷들이 치고받고 싸워서

그 암컷은 이기는 수놈의 차지가 되는 동물의 왕국,

즉 짐승 세계와 같습니다.

그때는 20세기 初 共産主義가 胎動하여

불같이 그 세력을 넓혀 갔습니다.

거대한 대륙 러시아와 중국이 공산화되었고
그 꼬리에 붙어 있는 대한민국이
공산화되는 것은 일도 아니었습니다.
그때 일본이 조선을 먹었습니다.
일본은 러시아와 중국을 전쟁에서 모두 이겼기 때문입니다.
그러므로 일본은 절대로 공산주의가 되지 않습니다.
왜냐하면 勝者는 敗者의 길을 절대로 가지 않기 때문입니다.
따라서 우리나라도 공산주의가 되지 않았던 것입니다.

그리고 36년 후 일본은 敗亡하여
한반도에서 本國으로 돌아갔습니다.
이때가 또 한 번 공산주의에게는 機會였습니다.
그러나 美國이 한반도의 반 쪽 南韓에 進駐하여
그들의 의도는 좌절되었습니다.

그래서 그들은 虎視眈眈 노리다가 미국이 撤收하자
전쟁을 일으켜 남한을 먹으려 했습니다.
그것이 6·25 南侵전쟁입니다.
미국과 유엔이 그들을 물리쳐서 다행스럽게도
우리는 공산주의 국가가 되지 않았습니다.

이상을 살펴보면 일본이 의도했던 하지 않았던
우리나라는 일본의 役割로 最少한 공산국가는 면했습니다.

그래서 일본이 고맙다는 얘기가 아닙니다.
그들의 役割이 역사적으로 그랬다는 것입니다.

다시 정리를 합니다.
만일 일본이 대한민국을 먹지 않았다면
우리는 필연적으로 공산국가가 되었고
지금의 북한과 한 나라가 되었을 것입니다.
"조선민주주의인민공화국" 입니다.
지금 저는 역사를 回想해서 말하는 것입니다.

일본은 1854년 明治維新으로
門戸를 개방하여 文物을 눈부시게 발전시켰습니다.
우리는 일본보다 20여 年 늦게 문호를 개방했습니다.
그 차이는 실로 엄청나서 富强해진 일본이 그 힘을 바탕으로
우리나라를 비롯해 주변 여러 나라를 먹었던 것입니다.

일제의 식민지 36년은 暗黑期입니다.
왜냐하면 우리는 領土와 主權을 빼앗겼기 때문입니다.
그러나 우리는 잃기만 했을까요?
일본은 우리를 수탈과 탄압을 했지만 많은 것을 놓고 갔습니다.

그 중에 저는 이것만을 말합니다.
近代國家의 體制를 우리는 일본으로부터 배웠습니다.

그것을 바탕으로 우리는 해방 후 半세기만에
민주국가와 경제대국으로 발전했습니다.
이런 例는 世界史에 대한민국 말고는 없습니다.

우리는 일본을 열심히 따라갔습니다.
우리는 일본과 코드가 많이 맞았습니다.
불편한 同居도 오래하다 보면 익숙해지기 때문입니다.
지금은 부분적으로 그들을 앞서 간 것도 많습니다.
그래서 저는 일본은 밉지만
고마운 부분도 있다는 것을 말합니다.
일본에게 빼앗긴 것이 너무 많지만, 얻은 것도 있다는 것입니다.
이것을 말하면 저는 즉시 親日派가 된다는 것을 압니다.
우리나라에서는 일단 친일파로 찍히면 죽도록 얻어맞습니다.
그래서 저는 돌을 맞을 각오로 이 글을 씁니다.
문창극 총리 후보가 친일파로 낙인(烙印) 찍혀 사퇴했습니다.
그도 저와 같이 일본의 역할을 말했기 때문입니다.

桑田碧海를 이룬 대한민국에서 이상한 일들이 벌어집니다.
우리가 일본으로부터 해방된 지 70년이 흘렀고
공산주의 북한의 끈질긴 위협으로부터 나라를 지켰는데
그들은 아직도 흘러간 노래 친일파 타령을 하고 있습니다.
그것을 주장하는 세력은 종북좌파들입니다.

그들은 미래의 世代인 학생들에게 그렇게 가르치고 있습니다.

그것을 위하여 그들은 역사 교과서를 심각하게 왜곡(歪曲)시켰습니다.

그것을 바로 잡기 위하여 교과서를 國定化 하자는 것입니다.

그러니까 잘못된 길을 바로 잡고

里程標를 새로 세우자는 것이지요.

나는 다시 한 번 반복하여 强調합니다.

우리가 일본에 먹힌 것은 우리의 自主力量이 부족했던 탓입니다.

이것은 나의 主張만이 아니라 역사가 말하는 眞實입니다.

그러나 지금은 어떻습니까?

나라가 눈부시게 발전하여 自主力量이 充滿합니까?

제가 自問自答으로 이 글을 마칩니다.

자주역량은 經濟만이 아니고 精神도 충만해야 합니다.

정신이 후퇴하면 눈부신 경제도 소용이 없습니다.

그 정신은 바로 愛國心입니다.

나라를 좀 먹는 종북좌파도 애국심을 말합니다.

지금 대한민국은 애국심과 종북좌파 중에서

어느 것이 더 충만합니까?

◇ 위안부 할머니와 우리 삼촌

– 최성령

나는 6·25가 나던 그해 11월에 태어났다.
劣惡한 환경에서 8개월의 未熟兒로 태어나
이웃들은 살지 못할 것이라 했다지만 나는 살았다.
그리고 너 나 없이 어려웠던 시절에 幼少年 기를 보냈다.
지금은 그 때에 比하면 천지가 개벽할 만큼
풍요로운 시절을 살면서 요즘 世態를 보면 마음이 편치 않다.

특히 정치판을 보면 더욱 그렇다.
6.25가 南侵인지 北侵인지
나중에 말하겠다는 전직 어느 여자 議員.
탈북자를 변절자라고 폄하하는 통일의 꽃 여자 의원.
애국가는 國歌가 아니고 아리랑이 국가이며
그것을 강요하면 專制國家라는 무시무시한 골수 종북의원.

학교도 마찬가지.

6 · 25가 북침이라는 학생이 69%라?
이런 정치인과 이상한 학생을
같은 하늘 아래 살아야 하는 불쌍한 국민.
그리고 그런 정치인을 지지하는 못난 국민.

그래서 해마다 6 · 25 그날이 돌아오면
나는 마음이 슬프고 가슴이 아리다.

그해 6월.
전쟁이 터졌으나 우리 집은 避難을 가지 못했다.
할아버지는 그들도 같은 민족인데
설마 同族을 죽이기야 하겠냐며 피난을 포기하셨다.
그때 증조할머니가 年老하신 것이
더욱 할아버지의 판단에 영향을 주었다고 아버지는 말씀하신다.

인민군이 進駐하고 우리집은 그들의 밥 먹는 장소가 되었다.
할아버지가 精米所를 운영하셨기 때문에 쌀이 있었고
마당이 넓어 그렇게 되었단다.
뱃속에 나를 가진 어머니는 晝夜로 밥 짓는 일을 했고
그 일이 얼마나 힘들었던지 손톱에서 피가 났다고 한다.

미국과 유엔군이 參戰하여 전세가 逆轉되었다.
인민군이 물러가고 국군이 進駐했는데

附逆자를 색출하여 處刑하는 慘劇이 벌어졌다.
당시 30세의 아버지도 처형자의 신세가 되었다.
이때를 위하였는지 몰라도 할아버지는
책임자급 국군 上士를 뒤뜰 장독대로 인도하여
그 밑에 油紙로 싸서 감추어 두었던
얼룩진 태극기를 꺼내 그에게 보여주었다.
이 일로 아버지는 奇蹟적으로 죽음을 면했다.
대신 北進하는 국군을 따라 勞役夫로 일하면서
도중에 文官으로 현지 채용되어 보급품을 받는 幸運도 얻었다.
그 얼룩진 태극기는 지금도 내가 보관하고 있다.

할머니는 매일 밤 장독대에 촛불과 井華水를 놓고
天地神明께 아버지의 生還을 빌었다.
국군과 함께 生死를 넘나들며 평양까지 北進했다가
용케도 살아 돌아오신 아버지!
그러나 그 기쁨도 막내 삼촌의 悲劇을 덮지는 못했다.
서울대 法大 在學 중 해병 단기사관학교를 수료하고
少尉로 任官하여 적과 싸우다가 원산전투에서 戰死했다.
그가 남긴 건 戰死통지서와 몇 푼 안되는 遺族年金.

앞날이 촉망되고 가족의 희망이었던
그의 죽음은 한순간에 집안의 不幸이 되었다.
그나마 다행인 것은 당시 내무부 공무원 신분이었던 둘째 삼촌은

흥남철수 避難民을 돌보는 직책으로 거제도에서 근무하느라
전쟁의 砲火를 겪지 않아도 되었다.
전사한 삼촌은 내 고장
충현탑의 位牌 1번에 그 이름이 적혀있다.

中共軍의 개입으로 국군이 후퇴하자
지난날의 惡夢을 반복할 수 없어
어머니는 그때 갓 태어난 핏덩어리인 나를
이불에 싸서 들쳐 업고 피난을 가야했다.
이런 苦難속에서
나를 제 달을 채우지 못하고 早産할 수밖에 없었다.
이런 비극이 어찌 우리 집안뿐이겠는가?

3년의 전쟁이 끝나고 폐허가 된 조국 山河!

거기서 나의 幼少年期가 시작되었다.
곳곳에 부서진 탱크 잔해물.
버려진 銃彈을 가지고 놀다 폭발하여 죽거나 다치는 사고.
초등학교에 입학하니 한 班에 孤兒들이 서너 명은 되고
그들의 단결력에 눌려 屈從해야 했던 기억 들.

너 나 없이 가난했던 시절.
生日날에만 특별히 먹는 짜장면은 天上의 別味였다.

밥 먹고 아이들이 뛰어놀면 어른들은 이렇게 말했다.

"얘들아! 뛰지 마라. 배 꺼진다."

거리에는 거지와 문둥병자 그리고 傷痍軍警이 넘쳐났다.

그 중 상이군의 쇠갈고리 손이 너무나 무서웠다.

그들은 연필을 强賣하며 그것을 사지 않으면 행패를 부렸다.

문둥이는 어린애의 간을 먹으면 병이 낫는다는 소문에

애들은 집 밖에 나가기를 꺼릴 정도였다.

美軍 방역차가 오면 전교생이 학년별로 운동장에 모였다.

소매와 허리춤 바짓가랑이에

하얀 DDT가루를 에어콤프레서로 쏘아 넣었다.

단발머리 여자애들은 白髮이 되었다.

여름에는 모기와 벼룩 빈대에게,

겨울에는 이(虱)에게 헌혈을 해야 했다.

겨울은 몹시도 추워서 방안에 놓아둔 주전자의 물과 걸레가 얼었고,

밖에서 세수하고 물 묻은 손으로 문고리를 만지면 쩍하고 달라붙었다.

전기사정이 안 좋아 해가 지면 칠흑(漆黑) 같이 어두웠으나

밤하늘엔 별이 총총 빛났고 銀河水는 강물 같이 흘렀다.

당시 아버지를 살려 준 고마운 국군상사는

전쟁이 끝나고 몇 번 우리 집을 찾아왔다.

나를 끔찍이 귀여워하여 여러 날을 놀아 주기도 했다.

그가 돌아갈 때 그의 주머니엔 어머니의 금반지가 들어 있었다.
아버지는 죽을 고비를 여러 번 넘긴 덕인지
95세를 사시고 작년 추석에 돌아가셨다.

혹자는 우리나라의 分斷상황이 美國의 책임이라 하지만
그것은 自主力量을 가지지 못한 우리의 몫인 것이다.
6 · 25 때 4만여 명의 젊은 목숨의 희생과 막대한 物資를 바쳐
우리나라를 구한 그들에게 책임 轉嫁는 염치없는 일이다.
그러면 우리나라가 공산주의 통일국가로
굶주림과 추위에 시달리며 주체사상을 信奉하는
그런 나라이길 바라는가?

내 나이 올해 인생 학교 6학년이다.
그 나이는 인생에 있어 중요한 轉換點이다.
자식 養育을 마쳤고 生業 一線에선 은퇴할 때이다.
그래서 개인을 넘어 나라를 걱정해야 하는
餘裕와 當爲가 거기에 있다.
해마다 그날이 돌아오면 기아(饑餓)체험을 한다고
주먹밥 먹기 같은 이벤트 행사를 한다.

6 · 25를 몸소 겪은 세대들이 나서서
그날을 특별한 날로 定하여
나라의 안보를 튼튼히 하는 契機로 삼는 것이 좋겠다.

제1, 2차 연평해전이 1999년 6월 15일과

2002년 6월 29일에 일어난 것도 공교롭게 다 6월이다.

이를 위하여 6·25를

國家記念日로 定하자는 의견을 모으는 것이 좋지 않을까?

그래서 新세대에게 나라가 自主力量이 부족하면

6·25와 위안부 같은

苦難이 온다는 것을 周知시키면 좋지 않겠는가.

◇ 오사카성(城)의 해자(垓子)를 보다

– 비바람 김동일

12월 초에 일본을 다녀왔다. 순전히 언론과 안사람 때문이었다. 아내는 평소에 일본 여행을 꿈꾸고 있었고, 마침 언론에서는 엔화가 폭락한다고 부추겼다. 게다가 '노 재팬(NO JAPAN)'을 외치며 일본 상품 불매운동에 무차별 친일파 공격을 펼치던 문씨네 일당을 생각하니, 일부러라도 일본에 가고 싶어졌다. 그럼 나도 이제 본격적인 친일파가 되는 건가.

겨울의 일본, 우리는 둘 다 일본이 처음이었다. 나는 노벨상을 수상한 가와바다 야스나리의 소설 '설국'에 등장하는 니가타의 온천을 떠올렸고, 아내는 영화 '러브레터'에 등장하는 눈 덮인 홋카이도 들판의 "오겡끼데스까"를 떠올렸다. 그러나 우리가 도착한 곳은 오사카였다. 아내는 저렴한 가격이라는 이유로 패키지여행을 계약했고, 일본의 행선지는 우리의 바람과는 관계가 없었다.

오사카라도 괜찮았다. 비록 2박 3일의 짧은 여행이지만 몇 년 만의 해외여행이었고, 오사카는 제주 사람에게는 특별한 도시였다. 오사카는 일제시대에 제주 사람들이 '재팬 드림'을 꿈꾸며 기미가요마루호를 타고 도착했던 곳이다. 당시 약 3만 명, 제주도 인구의 20%가 오사카를 향해 현해탄을 건너갔다. 지금도 오사카에는 제주 출신 사람들이 많다.

오사카는 기타노 다케시가 주연했던 영화 '피와 뼈'의 모델이었던 제주 사람 김준평의 무대이기도 했다. 제주 4·3폭동 때는 난리를 피해 제주 사람들이 대거 도망간 곳도 오사카였으며, 60년대의 제주도에는 한 집 건너 한 집마다 일본으로 돈 벌러 간 밀항자들이 있었다. 그들이 돈 벌러 갔던 곳도 오사카였다. 문재인 정권의 친일파 논리라면, 제주도는 예로부터 친일파의 고장이었던 셈이다.

오사카에는 특별한 곳이 있다. 오사카城이다. 오사카성은 일본 3대 성 중의 하나로, 임진왜란을 일으킨 토요토미 히데요시가 전국의 패권을 잡고 건축한 요새이자 성이다. 토요토미 히데요시가 죽고 성주가 된 그의 17살 아들 토요토미 히데요리와, 일본을 통일하게 될 71세의 도쿠가와 이에야스가 1615년 오사카성에서 일본 전국시대를 통일하는 마지막 전투를 치르게 된다.

옛날에는 책 좀 읽었다는 식자의 집 서재에는 '대망(大望)'이라는 엄청난 분량의 소설 전집이 꽂혀 있곤 했다. 대망은 야마오카 소하치의 소설로 원제는 '도쿠가와 이에야스(德川家康)'이다. 소설은 일본 전국시대의 세 영웅인 오다 노부나가, 토요토미 히데요시, 도쿠가와 이에야스가 일본 전국시대의 혼란과 전쟁을 헤쳐 나가며 일본을 통일하는 과정을 그려낸 대하소설이다. 지금은 20권짜리로 출간되는 모양인데, 나는 고1 때 3분의 1 정도를 읽고 아직까지 완독하지 못했다.

전국시대 세 영웅은 각자 특유의 리더십으로 널리 알려져 있다. 세 사람은 그 성격에 걸맞게, 울지 않는 두견새는 베어버린다, 울지 않으면 울게 만든다, 울 때까지 기다린다는 유명한 일화가 있다. 이 영웅들이 활약하는 전국시대의 마지막 무대가 오사카성이었다. 나는 예전부터 오사카성의 해자를 보고 싶었다. 오사카성은 이중의 해자를 두르고 거대한 성벽으로 만들어진 난공불락의 성이었다.

오사카성은 공원으로 조성되어 있었다. 집채만 한 바윗돌들로 빈틈없이 꽉 물린 채 축조된 것이 성의 입구가 인상적이었다. 히데요시의 명령으로 전국에서 수송해 온 바윗돌이라고 한다. 공원의 중심에는 8층 높이의 천수각이 위용을 자랑하며 서 있고, 산책로에는 간간이 조깅하는 사람들이 지나갔다. 약간의 시차를 두고 우리 뒤로 수학여행 온 중학생들이 쏟아져 들어왔다. 한국에서 온 학생들도 많았다.

오사카성의 해자는 작은 강처럼 넓어 보였다. 해자는 성의 방어를 위하여 성의 주변으로 파놓은 연못이다. 해자는 성을 이중으로 둘러싸며 외성과 내성을 구분한다. 해자는 유람선을 운용할 정도로 넓고, 해자의 푸른 물 위로 다시 거대한 성벽이 절벽처럼 서 있다. 도쿠가와 측은 농성하는 히데요리의 성을 좀처럼 함락시키지 못했다. 드넓은 해자를 두 개나 건너고 다시 성벽을 기어 올라가야 했으니, 오사카성은 난공불락이었다.

오사카성을 함락시킨 것은 아이러니하게도 '평화협상'이었다. 토요토미 측에 죄를 묻지 않는다는 조건과 체면상 외성의 해자를 메워준다는 조건이 교환되고 화친이 성립되었다. 히데요리는 이에야스의 여생이 얼마 남지 않았기에 나중에 협상을 무시해 버리겠다는 의중도 있었다. 화친이 성립되자 이에야스는 병력을 동원하여 순식간에 외성과 내성의 해자까지 메워버렸다.

몇 달간의 평화가 지나가고 다시 전운이 감돌았다. 이번의 전투는 저번의 전투와 달랐다. 해자가 메워진 오사카성은 이빨 빠진 호랑이였다. 순식간에 성은 함락되었고, 천수각은 불타 올랐다. 그 불길 아래에서 히데요리와 모친은 할복했고, 토요토미 히데요시 가문은 멸문당했다. 히데요리는 이에야스의 손녀사위였다. 그러나 일본의 전국시대는 단 한 명의 패권자만을 원하고 있었다.

이 대목에는 이런 이야기가 전해져 온다. 훗날 화친조약을 어겼다는 비난이 나오자 도쿠가와 이에야쓰는 이렇게 대답했다. "세상에 적장의 말을 그대로 믿는 바보는 죽거나 멸문되어 마땅하다."

오사카성의 해자 앞에 서면 이에야스의 목소리가 들려온다. 적장의 말을 그대로 믿었던 바보는 바로 우리가 아니었던가. 평화를 믿고 북에 핵을 만들어 준 건 바로 우리였다. 김정은이 미사일을 쏘아대는데도 불구하고 평화 운운, 종전선언 운운하며 추파를 보내고 김정은에게 매달렸던 멍청이는 우리가 아니었나. 저 멍청이 문재인이 우리 지도자였다. 문재인만 할복하여 사태가 수습되면 다행이겠지만, 불타오르는 천수각은 바로 우리 대한민국 미래의 모습이 아니던가.

오사카성이나 저녁의 도톤보리 거리에도 한국 사람들로 넘실거렸다. 오사카 공항 입국장도 한국 사람들로 만원이었지만, 인천공항 입국장도 북적거리기는 마찬가지였다. 일본 여행이 폭발적으로 증가한다는 뉴스도 있었다. 그 많던 '노 재팬'들은 다 어디로 갔을까. 국민들은 모두 '에스 재팬'이었는데, 문재인과 대깨문 아줌마 서넛만이 모여 '노 재팬'을 외쳤던 모양이다. 대한민국과는 거꾸로 달리던 대통령은 국민들에게 재앙이었다.

일본 여행 중에 가장 인상적인 것은 일본의 주택가 골목길이었다. 깨끗하다는 사실은 누차 들었던 터였지만 눈으로 보고도 믿을 수 없었다. 여기만 그런가 해서 두루두루 주택가 골목길을 걸어보았다. 아담한 2층 주택들이 어깨를 맞대고 도란도란 붙어 있는 골목길마다 불법 주차된 차량이나 휴지 조각 하나 굴러다니지 않았다. 심지어 낙엽조차 한 장 없었다. 이불을 펴고 눕고 싶을 정도로 깨끗했다. 이런 나라에서 한번 살아보고 싶다는 마음이 들었다.

◇ 위안부에 대한 대한민국의 위선

– 비바람 김동일

2015년의 일이었다. TV에서 위안부 문제를 다루는 시사 프로그램이 나오고 있었다. 화면에 등장한 아가씨는 무슨 위안부 단체의 사무총장이라는 직함을 달고 있었다. 그녀는 침을 튀기면서 위안부 강제연행을 주장했다. 그녀가 근거로 내세운 것은 일본인 요시다 세이지(吉田淸治)의 증언과 저서였다.

요시다 세이지는 1943년부터 1945년 일본이 항복할 때까지, 일본에서 국민총동원령을 집행하는 노무보국회의 동원부장을 맡고 있었다. 요시다 세이지는 1983년에 『나의 전쟁범죄(私の戰爭犯罪)』라는 책을 출간했다. 이 책에서 요시다 세이지는 1943년 5월에 제주도에 들어가 성산포와 법환리 등에서 200여 명의 여자를 위안부로 납치했다고 밝혔다.

이 내용은 아사히신문이 대서특필했고 일본에 위안부 문제를 공론화시켰다. 요시다 세이지는 1943년부터 자신이 직접 지휘하여 조선 각지에서 끌고 간 조선인 위안부는 1천 명이 넘고, 조선인 징용자는 총 6천 명에 이른다고 밝혔다. 그러자 요시다 세이지는 한국의 위안부 단체들에게 구세주와 같은 존재가 되었다. 1991년에는 요시다 세이지를 한국으로 초청하여 위안부 김학순 할머니 앞에 요시다 세이지가 무릎을 꿇는 모습을 연출하기도 하였다. 김학순은 위안부 피해자였음을 공식적으로 발표한 최초의 할머니였다.

그러나 요시다 세이지의 증언은 허구로 밝혀졌다. 김학순도 강제연행 피해자가 아니라 생활이 어려운 어머니에 의해 평양의 기생 권번으로 팔렸다가 양아버지에 의해 일본군에 넘겨진 사람이었다(종군위안부 참상 알리겠다. 1991. 08. 15. 한겨레). 가짜 납치자와 가짜 피해자가 퍼포먼스를 벌이는 모습은 대한민국에서 펼쳐지는 위안부 문제의 허상을 상징적으로 보여주는 모습이었다.

요시다 증언이 거짓말이라는 주장은 제주도에서 먼저 터져 나왔다. 1989년 제주신문은 요시다의 증언에 나오는 제주 지역을 샅샅이 탐방했다. 하지만 증거를 찾을 수 없었던 제주신문은 8월 14일 요시다의 주장이 거짓임을 대서특필했다. 그럼에도 불구하고 대한민국의 좌익 언론과 양심 불량의 위안부 단체들은 진실을 모른 척하고 요시다 세이지를 초청하여 '사과 쇼'를 펼친 것이었다.

1992년 3월에는 일본의 사학자 하타 이쿠히코가 제주도를 방문하여 현지 조사를 하였다. 그는 요시다 세이지를 '사기꾼'으로 정의

했다. 그뿐만 아니라 요시다의 경력과 책의 내용 등 모든 것들이 허위로 가득 찼음이 밝혀졌다. 2014년 8월에 아사히신문은 32년 만에 정정기사를 발표했다. '요시다 세이지와 관련된 일련의 증언 기사는 허위이며, 그를 기반으로 하는 90년대의 위안부 기사는 잘못된 것이며, 오보를 전해 드려 독자들에게 죄송하다'는 내용이었다. 일본은 사과했다. 양심이 있다면 이제는 한국 언론들이 사과할 차례가 아닐까. 이런 상황임에도 2015년의 어느 위안부 단체의 사무총장은 방송에서 요시다 세이지를 언급하며 강제 연행을 주장했다. 이건 요시다 세이지보다 더한 사기꾼이었다.

위안부라고 했을 때 한국인의 머릿속에는 대부분 일본군의 총칼 아래 강제로 끌려가 강간을 당하는 한국 소녀의 모습이 그려진다. 이것이 한국 언론이 만들어낸 왜곡된 위안부의 모습이다. 위안부를 빌미로 반일을 선동하는 시민단체와 이를 검증 없이 보도하는 언론이야말로 한국판 요시다 세이지, 한국판 사기꾼들이다.

한국이 이미 거짓으로 판명된 요시다 세이지의 저서를 흔들며 사과를 요구한다면 일본이 콧방귀를 뀌는 것은 당연하다. 일본군이 위안소 관리에 관여했다는 정황은 존재하지만, 그것이 강제 연행을 했다는 증거는 되지 못한다. 그러나 강제 연행을 안 했어도 일본이 사과할 명분은 충분히 있다. 그러나 강제 연행을 이유로 사과하라는 주장은 일본이 수긍할 수 없는 이유가 된다. 위안부 중에는 가난한 집안의 생활고 때문에 자발적으로 위안부가 된 여자도 있다는 사실을 한국이 인정하는 것에서부터 위안부 문제 해결은 시작된다.

위안부 문제를 제대로 해결하려면 이 문제를 시민단체와 위안부에게서 분리시켜 정부가 독자적으로 나서야 한다. 시민단체들이 강제연행을 계속 주장하는 것은 문제 해결을 하겠다는 것이 아니라 분쟁을 지속시켜 한일관계를 이간질하고, 후원금을 계속 받겠다는 숨은 의도가 있다. 위안부 문제의 걸림돌은 항상 개인감정을 앞세운 불순분자들의 주장이었다. 위안부 문제에서는 국제관례와 원칙을 우선해야 한다.

◇ 영화 '군함도'와 경성의 '딴스홀'

– 비바람 김동일

매스컴의 각광을 받으며 개봉한 영화 '군함도'가 네티즌들의 비난에 시달리고 있다. 군함도는 기본적으로 반일(反日) 영화다. '반일'은 좌파정권에서 자기들의 '종북'을 덮기 위한 전략으로 내세우는 좌익의 이념이다. 그런데 이 영화의 스탠스가 어정쩡하다. 외피는 반일인데 내용은 짜릿하지 못하다 보니 좌우 양쪽에서 냉대하는 실정이다.

군함도는 일제시대 조선인들이 강제노역을 당했다는 탄광이 있는 일본 하시마섬을 이르는 말이다. 그러나 위안부 강제연행이나 강제 징용이라는 용어는 역사적 사실보다는 정치적 선동을 위해 창조된 이념적 용어다. 여기에는 '강제'도 있었지만 '자발'도 있었다. 강제가 없었다는 일본 우익이나 자발이 없었다는 한국 좌익이나 거짓말과 선동은 거기서 거기다.

영화 군함도는 한국과 중국에서 동시 개봉 중인 영화다. 중국 관영 채널에서는 대대적으로 홍보에 나서며 칭찬을 아끼지 않았다고 한다. 한국의 좌익 언론들도 영화를 띄우기에 바쁘다. 군함도 영화 제작에는 대규모 중국 자본과 민족문제연구소가 연관되어 있다고 한다. 중국과 한국의 빨갱이들의 합작품이다 보니 중국과 한국의 좌익 언론들이 영화 빨아주기에 열을 올리는 중이다.

영화 장면 중에는 탄광의 근로자들이 모여 촛불을 들어 올리는 장면이 있다. 어디서 많이 보던 장면이다. 문재인은 걸핏하면 자기의 집권을 일컬어 촛불혁명이라 했다. 그렇다. 이 영화는 문재인 정권을 향해 딸랑딸랑 울리는 류승완 감독의 '쌍방울'인 것이다. 영화 군함도는 머리부터 발끝까지 중국과 남한 좌익을 위해 만들어진 선동 영화였다.

그런데 한국의 좌익들도 군함도에 대해 비난을 아끼지 않는다. 왜 그럴까. 자기들의 입맛에 안 맞기 때문이다. 좀 더 짜릿하게 만들어야 했었는데 그렇지 못했다. 군함도 탄광에서는 일본인들이 조선인들에게 강제노동을 시키며 잔인하게 채찍을 휘두르고, 무자비하게 죽이고, 그러다가 비참하게 탄광에 매몰되는 조선인들이 그려져야 했는데, 웬걸, 영화는 그러지 못했다.

영화에는 조선인 노무자를 못살게 구는 일본인도 없었고, 조선인을 억압하는 일본군도 없었다. 조선인들은 유곽에서 여자와 술도 마시고, 심지어 오밤중에 모여 촛불집회도 연다. 게다가 일본인보다 더

한 악당으로 그려지는 사람은 일제의 앞잡이 노릇을 하며 동족을 속이는 조선인이다. 영화 군함도는 반일에 세뇌되어 버린 한국 좌익들에게는 싱거운 영화였고, 반일 선동을 위한 눈높이를 충족시켜 주지 못하는 영화였다.

아마도 남한 좌익들은 일본 군함도를 절대 탈출 불가로 알려졌던 미국의 알카트라즈 감옥이나, 구소련의 시베리아에서 반체제 인사들에게 강제노동을 시켰던 수용소군도 쯤으로 생각했던 모양이다. 그러나 군함도는 일제시대 당시 최초로 지어졌던 최신식 아파트와 학교, 술집들이 있었고, 꽤나 흥청거렸던 유흥가가 있었던 탄광촌이었을 뿐이다. 당연히 조선인들은 군함도에서 집단 탈출을 시도할 이유도 없었다.

군함도를 왜곡시킨 주범은 좌익정권의 나팔수 노릇을 하던 좌익 언론들이다. 언론들은 군함도를 무슨 생지옥으로 묘사하고 덩달아 일본을 괴물처럼 매도하며 이념의 딸랑이 노릇을 했다. 남한 좌익 언론들은 조선인 노동자들이 탄광 벽에 썼다는 "어머니 보고 싶어." "배가 고파요." 등의 낙서 사진을 게재하며 군함도 강제노동의 현장이라고 했다. 좌익 특유의 감성을 건드리는 선동 수법이었다. 그러나 이 사진은 이미 조작으로 밝혀진 지가 십수 년 전의 일이다.

상식적으로 생각해도, 일제시대는 거의 80% 이상이 문맹이었다. 탄광 노동자들 중에 저런 한글을 쓸 정도의 학력 소유자는 있을 수 없었다. 그런 고학력자가 탄광에서 막노동을 할 이유가 없었다. 그리고 일제시대에 촛불집회라니, 일제시대에 양초는 귀중품 취급을 받아 일반적으로 널리 사용되는 용품이 되기에는 아직 이른 시간이었다. 영화는 좌익정권에 재롱을 떨기 위한 목적에만 목을 매다 보니 역사적 팩트는 눈곱만큼도 없었다.

정치적 이념에 아부하기 위해 진실을 왜곡하는 것을 부끄럽지 않게 여기는 것은 남한 좌익의 못된 버릇이다. 좌익들의 주장대로라면, 일제시대의 조선 천지는 공포의 도가니였다. 이런 좌익들의 선동에 넘어간 한국인들은 일본인들이 백주대낮 여염집에 들이닥쳐 아녀자를 납치하여 위안부로 팔아넘기는 일이 다반사로 일어났고, 일본인들은 마구잡이로 조선인들의 재산을 빼앗아 수탈해 간 것으로 믿는다.

그러나 그런 장면은 정확하게 조선 땅에서는 없었다. 조선 땅에도 군함도에서처럼 술집도 있었고, 영화관도 있었고, 양복을 멋지게 차려입고 명동을 활보하는 '모던 뽀이'도 있었다. 다섯 곳이나 되는 백화점은 호황을 누렸고, 30여 개 이상의 영화잡지가 발행되었다. 단성사에서는 나운규가 만든 영화 '아리랑'이 상영되고 있었고, 조선인 전용 영화관인 우미관도 성업 중이었다. 거리의 사람들은 한국 최초의 여성 성악가인 윤심덕이 불렀던 '사의 찬미'를 흥얼거리고 있었다.

소설가 심훈은 농촌 계몽운동을 배경으로 청춘남녀의 사랑을 그린 소설 '상록수'를 쓰고 있었고, 김소월은 '나 보기가 역겨워 가실 때에는 말없이 고이 보내 드리우리다'라는 '진달래꽃'을 쓰고 있었다. 1937년에는 한 레코드 회사의 문예부장과 여배우, 기생 등 여성 8명이 조선총독부에 "경성에 딴스홀을 허(許)하라"는 탄원서를 내고 있었다.

일제시대의 조선 아녀자들은 '딴스홀'에서 모던 댄스를 추려고 노력하고 있었건만, 백 년 후의 한국 좌익들은 일본인들에게 납치당하고 강간당하는 조선 아녀자들을 주장하고 있으니, 한국 좌익들은 이 얼마나 정신병적인 집단들인가. 일제시대는 암흑기도 아니었고 공포기도 아니었다. 일제시대에도 조선에는 사람들이 살고 있었고, 그들 가슴에도 희망과 생명의 푸릇한 가지들이 자라고 있었다.

납치와 고문을 일삼는 공포와 겁박의 일제 모습은 좌익들의 상상 속에서, 좌익들이 만든 영화 속에서나 존재하고 있을 뿐이다. 역사는 가슴으로 만드는 것이 아니라 이미 있었던 사실을 냉정한 머리로 쳐다보는 것이다. 그러니 걸핏하면 친일파를 입에 담는 사람들이여, 이제라도 깨어나자. 좌익 언론들의 선동에서 깨어나고, 역사의 무지에서 깨어나자.

◇ 반일(反日)은 문재인 정권의 종북(從北)정책

– 비바람 김동일

지난 25일 KBS는 일본제품 불매운동을 보도하면서 한국당의 로고와 함께 '안 뽑아요' 라는 문구를 노출했다. 이에 한국당은 '총선 개입' 이라며 강력 반발했다. 한국당은 KBS에 대하여 시청료 거부 서명운동 출정식을 열고, 정정보도 요청과 함께 25억 3천만 원의 손해배상 청구 소송을 냈다.

그러나 한국당은 싸워야 할 상대를 잘못 골랐다. '일본제품 불매운동' 이라는 이름으로 미화된 그 배후에는 '반일(反日)' 이라는 대한민국 극좌주의의 정서가 도사리고 있음을 한국당은 모르고 있거나 모른 척하고 있다. 즉, 한국당은 필시 무식하거나 비겁한 것, 둘 중의 하나다.

대한민국에서 '종북(從北)' 이 극성을 부릴수록 '반일(反日)' 또한 맹위를 떨친다. 종북과 반일은 상통되는 같은 족속이기 때문이다. 독재정권이 국민의 이목을 다른 데로 돌리기 위해 즐겨 쓴다는 3S 정책처럼, 반일은 종북 좌익정권이 들어설 때마다 약방의 감초처럼 나타나 국민 우민화(愚民化)의 선봉장 역할을 했다.

좌익정권에서 반일 우민화 정책은 영화에서 극명하게 드러난다. 이명박, 박근혜 정권 시절에는 '연평해전' '인천상륙작전' '포화속으로' 등의 반공 영화가 주류를 이뤘다면, 노무현, 문재인 정권 시절에는 '도마 안중근' '암살' '말모이' '밀정' '군함도' '자전차왕 엄복동' 등등 함량 미달의 반일영화들이 우후죽순처럼 쏟아졌다.

반일영화들이 국민에게 강요하는 주제는 오로지 하나, 바로 이것이다. "일본을 증오하라!" 반일영화의 목적은 두 가지다. 하나는 국민을 우민화하여 좌익정권의 실정을 덮는 것이요, 둘째는 국민의 머리를 '반일'로 세뇌하여, 국민의 머리에서 '반공'을 퇴출하는 것이다.

종북 좌익정권의 반일정책은 김일성의 남한정책과 일맥상통하는 것이다. 북한의 김일성은 '경제면'에서 남한에 뒤지게 되자 남한을 공격하는 무기로 '정통성'을 집어 들었다. 북한은 독립투사들이 세운 나라이고 남한은 친일파가 세운 나라라는 공격이었다. 실제는 북한 정권에 친일파 인사가 더 많았음에도 불구하고.

김일성의 '친일파 무기'는 남한 학생운동권의 주사파들에게 이식되었고, 이제 그 주사파들이 문재인 정권의 핵심부에 들어서서 김일성의 정책을 답습하고 있다. 그런데 한국당은 종북 반일의 심장인 문재인 정권과 싸울 생각은 하지 못하고 그 졸개인 KBS에만 화풀이하려 달려드는 판이니, 참으로 어리석고 무식한 정당이 아닐 수 없다.

'반일'은 대한민국 적화(赤化)의 필수 수순의 하나다. 국민의 뇌리에서 '반공' 대신 '반일'로 교체하여 반공정신을 무디게 하고, 대한민국에서 주요 동맹인 미국과 일본을 떼어내는 것은 김일성 삼대의 오매불망 염원이었다. 그 김일성의 염원을 북한 똘마니 노릇을 하는 문재인 정권이 오롯이 진행하고 있다.

문재인 정권의 '반일정책'에 대항하여 한국당은 극명하게 '반공'과 '친일정책'을 지향하여 일본과의 군사적 유대, 경제적 협조 등을 강력하게 주장하여야 한다. 그럼에도 일본 제품 불매운동을 격려하는 현수막을 내 걸어야 한다고 주장하는 한국당 당원협의회가 있다고 하니, 미쳐도 제대로 미친 것들이 아닐 수 없다.

도대체 한국당이 할 수 있는 게 무엇이 있단 말인가. 4·3에서도 굴복하고, 5·18에서도 굴복하고, 반일에도 굴복한다면, 저 북한의 김정은 집단과 그 김정은에 부역하는 민주당 집단과 도대체 한국당은 무엇이 다르단 말인가. 문재인 정권의 실정으로 말미암아 지난 선거에서 문재인에게 표를 줬던 사람들은 이제 조롱의 대상이 되고 있다. 다음에는 한국당을 지지하는 사람들도 손가락질 받을 날이 머지 않은 것 같다.

◇ 독도의 주인은 누구인가

– 비바람 김동일

'독도는 우리 땅'이라는 노래에는 독도는 우리 땅이 아닐 수도 있다는 역설이 있다. 당연히 우리 땅이면 그렇게 목에 핏대를 올리며 소리칠 이유가 없기 때문이다. 사족을 그리는 것처럼, 괜히 긁어 부스럼을 만드는 것처럼, 독도 노래는 역설적이다. 그런 이유로 시끄러울수록 독도 정책은 어설퍼 보인다.

엊그제에는 손석희 앵커가 방송에서 또 일본 정치인과 독도 문제로 실랑이를 벌인 모양이다. 예전에 시네마현 의원과의 독도 문제 설전으로 공전의 히트를 기록했던 손석희가 다시 독도 재탕을 한 것이다. 반일족들이 환호해 주니 손석희도 재미가 쏠쏠한 모양이다. 그러나 영토 문제에 에도시대니 일제시대니 하며 자꾸 역사책 이야기를 들이대는 것은 얼마나 바보짓인가.

언론에서 일본이 독도 근해 탐사를 하는 문제로 하도 나팔을 불어대서 나라가 불난 호떡집처럼 시끄럽다. 나포를 한다느니, 몸빵을 한다느니 일본군이 영일만에 상륙작전이라도 하는 오해할 정도다. 도대체 준비가 얼마나 안 되어있길래 국방을 주둥이로 하고 있는 건가.

교과서에 실렸던 알퐁스 도데의 소설 '마지막 수업'은 독일로 병합되는 어느 프랑스 지역의 초등학교에서 마지막 수업 날을 그린 것이다. 보불전쟁에서 패한 프랑스가 알자스-로렌 지방을 독일에게 넘겨주게 되고, 소설의 배경은 바로 그 당시의 알자스-로렌 지방의 초등학교였다. 프랑스어로 수업할 수 있는 '마지막 수업'이 끝나는 순간부터 알자스-로렌은 독일 영토가 되고 프랑스어는 금지된다.

지금의 알자스-로렌은 프랑스 영토이다. 보불전쟁으로 독일 영토가 되었다가, 1차 세계대전에서 패한 독일이 다시 알자스-로렌을 프랑스에 반환한 것이다. 그러나 알자스-로렌 지방의 역사를 훑어보면 알자스-로렌은 독일과 프랑스가 핑퐁게임을 하듯 주거니 받거니 하며 여러 번 주인이 바뀌었다. 프랑스와 독일의 모태인 프랑크 왕국까지 거슬러 올라가면, 애초에 알자스-로렌은 독일 영토에 포함되었었다.

이쯤 되면 영토 문제에 역사를 들이댄다는 것이 얼마나 우매한 짓인지 알 수 있다. 알자스-로렌의 주인은 누구인가. 하루가 멀다 하고 자살 폭탄이 터지는 팔레스타인 땅의 임자는 누구인가. 이들에게 조상들의 역사적 행적을 좇아서 땅의 주인을 정하라고 할 것인가. 아니면 가위바위보로 주인을 정하라고 할 것인가. 바로 두 개의 질문에 대한 대답은 독도에도 적용된다.

알자스-로렌의 주인을 '역사'로 판결한다면 과연 두 나라가 승복할 수 있을까. 혹은 팔레스타인 땅의 주인을 가리면서, 이스라엘을 건국하게 했던 발보아 선언이나, 유대 국가가 멸망했던 로마 시대나 모세의 애굽 탈출까지 거론하며 '역사'로 결정하는 것이 과연 타당할까. 그렇게 된다면 한반도 땅의 족속들은 바람 찬 바이칼 호수변이나 몽골 초원으로 역사적 고향을 찾아 철수해야 하는 것이 맞을 것이다.

팔레스타인 땅은 그 어떤 것으로도 주인을 정해줄 수 없다. 자기가 딛고 선 만큼에서 서로가 만족하고 평화롭게 살던가, 아니면 상대방을 쫓아내 먼저 차지하든가 양자택일할 수밖에 없다. 구약성서의 시대로 돌아가도, 그 어떤 국제법을 들이대더라도, 주인을 가려줄 수 없고 양자를 만족시킬 수 없다. 팔레스타인 지역을 차지할 자격이 있는 자는 바로 '강한 자'이다.

영토는 역사의 산물이 아니라 현실의 반영이다. 어느 땅이 어느 집단의 영토이게끔 하는 것은 역사도 아니요 국제법도 아니다. 역사는 영토를 지키는 무기가 아니라 그 땅이 살아온 한 장의 이력서일 뿐이다. 국제관계의 변화에 따라 어느 순간에 아무짝에도 쓸모없게 변해버리는 국제법은 코나 풀어야 하는 한 장의 휴지조각일 뿐이다.

그 땅에 발을 딛고 선 족속들이 자기 영토를 지키지 못할 때, 그 영토는 한갓 신기루에 지나지 않는다. 영토를 지키지 못하는 족속은 잠시 머물렀다가 사라지는 철새처럼 그 땅 위에 잠시 머물렀다 떠나는 나그네일 뿐이다. 영토를 지키지 못하는 족속은 비록 단단한 땅 위에 서 있을지라도 그것은 출렁이는 물결 위에 떠 있는 보트피플과 하등 다를 바가 없다.

영토를 영토이게 하는 것은 그 땅의 사람들이다. 영토는 그 위에 서 있는 사람들의 심장에서 갓 뿜어진 더운 피를 먹고서 단단해진다. 굳건한 영토를 만들고 싶다면 그 땅에 뿌리를 내리고 거기에 뜨거운 피를 뿌리고 뼈를 묻는 것이다. 영토는 그 땅을 피와 살과 뼈로 덮을 용기가 있는 자만이 차지할 수 있다. 영토에는 타협이나 협상은 없다. 점령하고 지켜내는 일만이 있다.

방송에서 한국의 일개 아나운서가 일본의 일개 정치인을 역사를 들먹거리며 궁지에 몰았다는 사실 하나로 전쟁에서 승리한 듯 희희 낙락하는 인터넷 댓글들은, 우리가 얼마나 우매하고 무지몽매한 민족인가를 깨닫게 한다. 그런 것으로 영토 전쟁에서 이길 수 있다고 생각했다면 팔레스타인에서 폭탄이 터질 일이 전혀 없다.

온갖 반대를 무릅쓰고 신사참배를 강행하는 일본 총리와 제2연평해전에서 전사한 군인들을 벌레 보듯 하는 한국 대통령과의 차이는 독도의 주인을 가름하는 잣대가 될 수도 있다. 세계 최고의 부자이면서도 평화보다는 군비를 증강하고 착착 우경화하는 일본과, 가진 거라고는 부랄 밖에 없으면서 평화와 양심을 외치고, 군축을 주장하고, 군항 건설을 반대하는 국회의원이 국방위 소속인 나라 한국과 과연 누가 더 독도의 임자에 가까운가.

　독도 문제로 오만가지 호들갑에 엄살을 떨더니 대통령 담화문도 나오고 태스크포스도 만든다고 한다. 영토는 주둥이로 지켜지지 않는다. 영토를 지키는 것은 쇠[鐵]와 피[血]다. 대통령은 주둥이를 닥치고 묵묵히 쇠를 벼리고, 국민에게는 나라를 위하여 피를 흘리는 것이 당연한 의무라고 가르쳐야 한다. 대통령은 국가를 위하여 산화한 젊은이들에게 경배를 드릴 줄 알아야 하고, 전쟁터에서의 전사는 명예로운 자긍심이 되도록 해야 한다.

　피를 흘릴 준비가 되어있는 족속만이 '영토' 라는 것을 가질 수 있다. 피를 흘렸던 기억을 잊지 않는 족속만이 영토를 지킬 수 있다. 그것들을 잊지 않고 칼과 방패를 만들고, 그것들에 대해서 경의를 표할 줄 알고, 그것들을 자랑스럽게 생각할 줄 아는 족속만이 땅을 딛고 서 있을 수 있다.

　독도는 누구의 땅인가. 바로 우리의 땅이다. 우리가 딛고 서 있기 때문이다. 간도는 누구의 땅인가. 그것은 우리의 땅이 아니다. 우리가 딛고 서 있지 못하기 때문이다. 독도는 언제 우리 땅이 되지 못하는가. 그것은 우리가 지켜내지 못하고 빼앗길 때이다. 간도가 우리 땅이 되기를 바라는가. 그렇다면 빼앗아라. 그런 다음에는 딛고 서서 지켜내라.

◇ 동해, 일본해에 대하여 일본 지식인들께

– 나두 전태수

일본 국민, 특히 지식인들에게 제안합니다.

한국에서는 동해, 일본에서는 일본해라고 주장하는 바다 때문에 양국이 항상 시끄럽습니다.

요번에 한국의 어떤 TV의 뉴스 시간에 "일본 정부가 '일본해' 표기와 관련된 외교문서 책자를 각국에 배포했다"고 전했기에, 저는 영문, 일본어, 한국어판 지도를 보고 이 글을 쓰게 되었습니다.

바다 이름에는 海(해 SEA) 말고도 洋(양 OCEAN), 灣(만 GULF, BAY), 海峽(해협 STRAITS, CHANNEL) 등이 있습니다. 이 중 '海(SEA)'만 살펴보면, 국가 이름이 海 앞에 붙어 있지 않은 바다가 무려 40여 개인 반면, 국가명이 붙은 바다는 노르웨이해, 필리핀해, 일본해, 동중국해, 남중국해 등 겨우 다섯입니다.

'노르웨이해'는 그 서쪽의 아이슬란드에게는 불리한 이름이라 볼 수 있지만, 양쪽 국가끼리 소란 없이 조용합니다. 아마 13세기에 노르웨이에 정복당한 영향인 듯합니다.

'필리핀해'는 그 북쪽에 일본이 있기는 하지만 멀리 떨어져 있어서 일본이 손해 볼 일이 없기에 또한 조용합니다.

'동중국해'와 '남중국해'는 중국의 동부해안과 남부해안 가까이에 다른 나라가 없습니다. 그리고 중국과 한반도 사이의 바다 이름은 '황해'입니다.

러시아의 북쪽에는 '북극해'에 포함되는 바렌츠해(Barents Sea), 추크치해(Chukchi Sea), 동시베리아해(East Siberian Sea), 카라해(Kara Sea), 랍테프해(Laptev Sea) 등의 5개 해역 이름은 있어도 러시아 국가명이 들어간 '러시아해(Russia Sea)'는 없습니다.

미국에도 동아메리카해(East America Sea)나 서아메리카해(West America Sea)가 없습니다.

결론은 간단합니다. 두 나라 이상이나 여러 나라의 해안선과 닿아 있는 바다는 어느 한 나라의 이름으로 불리어서는 안 된다는 국제관례가 있는 것입니다. '지중해'가 만일 '프랑스해'로 되어 있다면 이탈리아 사람들의 기분이 어떻겠습니까? 반대로 만일 '이탈리아해'로 되어 있다면 또한 어떻겠습니까.

저는 일본의 지식인 중에 가장 정직한 지식인들에게 제 의견을 조심스럽게 제시하는 바입니다. "한국 기준으로 동쪽에 있는 바다"란 뜻이 되는 '동해(東海)'를 저를 포함한 일부 한국인들은 반대합니다.

'일본해(日本海)'를 부정하는 논리와 모순이 되기 때문입니다. 동해나 일본해는 모두 자국 기준으로 이름을 붙인 편협하고 이기적인 명칭입니다.

일본의 지식인들은 일본 정치인들을 상대로 정직하고 정의로운 일본인이 되길 바랍니다. "영토 욕심이든 영해 욕심이든 삼독(三毒) 중 가장 독한 탐독(貪毒)에 해당됩니다. 그러니 양국이 의논하여, 동해도 아니고 일본해도 아닌, '청해(青海)'로 바꿉시다. '청해(淸海)'도 좋습니다."라고 권해 보는 것이 어떨까요?

◇ 박정희는 친일파다

— 서석영

하기야 박정희 당시의 한국은 지금과는 비교할 수도 없을 만치 친일이 필요한 시점이었다.

친일하지 않고 일본의 돈을 빌려올 수도 없었고, 일본의 돈을 빌릴 수 없다면 지금의 경제개발의 기초도 가능성도 없을 터였다.

박정희라고 좋아서 한일국교 정상화하고, 좋아서 배상금 달라고 한 건 아니고, 어쩔 수 없고 탈출 가능성이 없는, 그 지긋지긋한 가난을 탈출하기 위한 선택이란 거, 이런 걸 친일한다고 욕질한다면 지금 우리가 세계 최저의 소득으로 거지 나라로 살자는 것이나 같다.

박정희는 못나고 생각 없는 전체 국민의 대대적인 한일국교 정상화 반대를 자신의 인기고 뭐고 집어 던지고 자존심을 죽이고 국교 정상화를 수립한 것도 자신을 위하여 그리한 것이 아니라, 국가와 민족을 위한 어쩔 수 없는 선택이었다.

대일 배상금도 우리가 잘나서 받은 게 아니라 미국의 입김이 작용한 덕이란 것, 여기의 일반 국민들은 모르지만 사실이다. 한마디로 우리는 그런 것을 청구할 자격도 능력조차도 없었지만, 세계의 경찰 미국 덕에 그나마 받아낼 수 있었다는 것, 그 덕에 지금의 대한민국 이 가능했다는 것, 우리들이 입고 먹고 쓰고 자동차 굴리게 된 것도 모두 바로 박정희란 위대한 지도자가 자존심 죽이고 국민의 인기까지 내던진 덕이란 것을 안다면, 박정희의 친일을 욕한다는 것은 바로 우리들이 등신이란 소리와 같다는 것을 알아야 할 것이다.

지금까지도 조금이라도 머리가 사람 수준에 든다면 친일이나 친미를 욕할 수는 없다는 것, 우리가 광우병을 떠들고 미국과의 FTA를 반대하는 머리에 똥만 든 배반의 본능, 염치를 모르는 민족의 광태는 우리들의 수준을 개돼지로 만들고 있음을 알아야 할 것이다.

뭐라고?
미국은 아무리 우리가 배반을 하더라도 우리에게서 손을 떼지 못한다고? 하기야 우리 같은 사람들이야 그런 걸 떠들 수 있을지 모르나, 인간의 심장을 가진, 양심이 조금이라도 있고 사람의 등급에 든다면 그런 걸 떠들 순 없단 것, 뭔 소린지 생각 좀 하란다면 글쎄나 원체 심성이 더러운 위인들이라 가능할 거 같진 않다만…

아무튼 박정희는 국가와 민족을 위한 친일파가 맞고, 그 후의 우리 나라 대통령들도 한결같이 친일파나 친미파가 될 수밖에 없었음은, 우리 같은 핫바지 모지리들을 국민으로 두는 한, 진실한 애국적 지도

자들의 어쩔 수 없는 선택이 될 수밖에 없다는 것을 알아야 할 것이다.

한국인을 둘로 구분하자면 박정희를 미워하는 자와 고마워하는 자로 나눌 수 있다고 본다. 헌데 이걸 대충 또다시 구분해 보면, 잘사는 자와 못 사는 자로 나눌 수도 있는데, 어찌된 게 박정희를 미워하는 자는 대충 못살고, 고마워하는 자는 잘산다는 것을 알 수가 있다. 이걸 보건대, 미워하거나 고마워하는 거와 잘살고 못사는 것이 상관관계를 가진다는 것은 그 인간의 심사에 따라 성공과 실패가 좌우된다는 것, 미움을 마음속에 많이 가진 자는 성공하기 어렵다는 것도 알 수가 있다.

박정희에게 고마워하는 자는 실제로 박정희에게 뭔가를 직접적으로 혜택을 받아서 고마워하는 게 아니라, 그 마음가짐이 선량하고 긍정적이기에 성공도 하게 된다는 것, 실제로 한국 사회는 이런 사람들에 의해서 오늘의 발전이 이루어졌다고 봐도 될 것이다.

허구한 날 박정희도 나쁘고, 이것도 저것도 나쁘다고 떠드는 자들은 능력도 없을 뿐 아니라 사회를 불안하게 만드는 악성 세균이나 진배없는 딴지 세력에 가깝다는 것, 이런 인간은 단합을 저해하고 국가의 발전을 가로막는 것으로 봐도 된다.

박정희나 전두환 때의 눈부신 발전은 이런 하급 인간들에게 족쇄를 채움으로 가능했었고, 이런 불평분자가 활개를 치는 민주화인지 개판인지의 정부에서는 뒷걸음질에 가까운 대한민국이었다는 것으로 확실한 증명이 된다. 이제 그러한 박정희의 후손 박근혜를 선택한 국민의 마음은 이런 민주화인지 뭔지 하는 세력을 박살내고, 박정희식의 정치를 하라는 국민의 염원이라고 생각해야 할 것이다.

나라가 발전하여 국민이 살기 좋아지려면 경제발전을 제일로 생각하여야 희망이 있다. 경제는 박정희식의 강력한 추진력이 아니면 가능성이 없는 게 이 나라의 민도다. 나라의 안전은 전교조부터 박살내는 게 우선이고, 경제는 노조를 박살내는 게 정답이다. 박근혜는 아버지의 정치를 다시 한 번 이 땅에 불러올 것을 요구하는 국민의 요망이라는 것을 지적해 두고자 한다.

◇ 나는 친일파 후손

– 탈존

때늦게 무슨 친일파 타령이냐고 하겠지만, 어제 그럴만한 일이 생겼다.

내 고교 동창과 삼십대 후반인 듯 보이는 그 아들 녀석이 우리 집을 방문했는데, 술 한 잔 들어가자 친구의 아들 녀석이 박정희 대통령을 비난하면서 결국 일본군 장교였을 만큼 친일파였다며 열을 올린다.

무슨 친일사전이라는 것에도 박정희 대통령을 친일파로 올렸다니 새삼스러울 것도 없는 얘기지만, 나는 친구를 째려보지 않을 수 없었다. 자식새끼 제대로 가르치지 않고 뭣 했냐는 질책인 셈이었다.

결국 친구 아들과의 기나긴 설전이 벌어졌다.

우리 역사에 36년간이나 일본 식민지로 살았던 것이 분명하니 친일파든 매국노든 있을 수밖에 없었을 것이고, 이 또한 정리해야 할 일이겠지만, 과연 친일사전을 펴낸이들이 주장하는 친일파의 정체는 무엇인지 나로서는 몹시 궁금하지 않을 수 없다.

"그런데 곰곰 생각해 보니, 박정희 대통령이 친일파라면 나도 친일파의 후손임에 틀림없다는 거야. 왜 내가 친일파의 후손인지 들어보겠어?"

우리 선친은 함경북도 회령 출신이다.

당시에는 집안이 제법 알아주는 지주 가문이라서 일본 본토에 있는 무슨 기술전문학교를 졸업하시고 만주철도회사에서 근무하셨다고 한다. 그 시절 전문학교면 지금의 대학이라던가. 당시 만주의 혹독한 추위에 견딜 수 있는 증기기관차를 설계했고, 그 기관차 모형도가 지금도 무슨 박물관에 전시되어 있다 하니, 기술자로서는 일본인들도 알아주었다고 했다.

해방 후 원산철도청에서 근무하셨는데, 북한 정권에 의해 친일파로 감시를 받다가 월남하여 서울철도청에 근무하시다가, 무슨 바람이 불었는지 단기 육사를 졸업하시고 장교로 6 · 25 사변에 참전하셨다.

우리 형제가 중학교 다닐 때 아버지에게 친일파였느냐고 여쭤봤더니 피식 웃으시며 이렇게 말씀하셨다

"글쎄다. 특별히 친일을 했다고 생각지 않는다. 당시 조선인에게는 기회가 주어지지 않던 시절에 기술자로 인정받았고, 나 자신이 그랬듯 주위 사람들도 일본 놈들에게 조선인의 우수함을 보여줬다고 칭찬들을 했으니, 스스로 친일을 했다고는 상상도 못했었지. 그 때는 대부분 그렇게 살았을 뿐, 만주에서 살았으면서도 독립군이 있다는

얘기조차 듣지 못한 데다가, 내가 고등계 형사도 아니었고 헌병대 보조원도 아니었는데, 해방되면서 공산당들이 일본회사에서 일했다는 이유로 친일파라 낙인찍더구나. 해방되면서 내 딴엔 내 기술을 우리 민족을 위해 쓸 수 있겠다 싶어서 기뻤는데 말이다."

지금 생각해봐도 독립운동을 하신 건 아닌 만큼 우리 아버지는 민족적인 의미에서의 애국자는 아니었을지도 모른다.

그러나 우리 아버지가 진정 친일파였을까.

아버지가 일본계 철도회사에서 근무한 것은 농사짓는 것, 장사하는 것이나 다름없는 그저 직업의 개념에 불과했던 건 아닐까. 대동아전쟁 때 자원이 부족해지자 일본이 모든 국민들에게 수저까지 징발했었다. 그때 수저니 뭐니 해서 쇠라고 생겨먹은 걸 바쳤다고 친일파라 매도하는 것과 다름없다는 것이다.

우리 조선인들을 보호하고자 공무원이 된 사람이 있을 터이고, 우리 조선인들의 힘을 기르고자 일본군 육사에 입학한 사람도 있을 것이다. 독립군을 돕는 일이 극비를 요하기에 수많은 도움을 주고도 증거가 없어서 매국노로 매도되는 사업가, 지주도 있었을 것이다.

그들 모두가 독립을 생각지 않았더라도 같은 민족을 보호하고자 하는 마음으로 그리했다면 매도당할 이유가 있겠는가.

우리 할아버지도 두만강가에 있었던 우리 집의 지리적 조건으로 수많은 독립투사들의 만주행과 투쟁자금 조달에 힘쓰고서도 지주였다는 이유만으로 인민재판을 받아 돌아가셨다지만, 어차피 증거 하나 없이 행해지는 인민재판을 지금 와서 불가능한 진실 규명이 무슨 소용이겠느냐만, 그게 바로 박정희 대통령을 일방적으로 친일파로 매도하는 빨갱이들의 방식이라고 나는 알고 있다.

해방이 되었기에 자신의 기술을 해방을 맞은 나라를 위해 쓰게 됐다며 기뻐했던 우리 아버지 같은 분들이 친일파로 낙인찍히고, 지주였다며 인민재판을 받았던 할아버지를 북에 두고 남쪽으로 내려왔다지만, 과연 그런 식으로 따진다면 우리 민족 중 친일파가 아닌 사람이 몇 퍼센트나 되는 걸까.

북한에서는 옥석을 가리지 않고 지주였거나 사업가였다면 모조리 인민재판으로 죽여 버리고 그들의 재산을 수탈했다.

그렇다면 박정희 대통령을 친일파로 낙인찍은 자들의 선조들은 모조리 독립운동을 했다는 것일까.

하긴 독립군을 때려잡던 헌병 오장의 후손들이 박정희 대통령을 친일파로 매도하는 세상이니 더 말해 무엇하겠냐만, 정치적 이해관계에 따라 친일파가 만들어지는 세태가 어이없다.

나는 친구 아들에게 2차 대전 당시 4년여 나치에게 점령당했었지만 계속 항전하던 세력이 있었던 유럽과 36년간이나 도와줄 세력 하나 없이 식민지로 복속되었던 한반도의 차이를 설명하며, 박정희 대통령이 친일파라면 그 당시 만주나 미국 등지에서 독립운동을 하던 분들이 아니라면 모두가 친일파라고 주장했다.

더구나 독립군을 때려잡던 헌병 오장을 하던 아비를 둔 자가 마치 자신은 독립군의 자손인 양 박정희 대통령을 친일파로 몰아세우다가, 증거를 제시하며 제 아비의 죄가 드러났음에도 사과 한마디 하지 않고 위세 떠는 이따위 빨갱이 세상에서 어찌 옥석을 가릴 수 있는지 반문하였다. 즉, 정치적인 이유로 누군가를 매도하는 행위야말로 민족과 나라를 망칠 추악한 반역행위임을 설명했다.

내게 이런 말을 하는 놈도 있었다.

독립군 자식들이 돌보아주는 사람 없어서 수표교 다리 밑에서 거지로 자랄 때, 너는 아버지가 왜정시대 때에도 돈을 잘 벌었으니까 덕은 보지 않았느냐고. 내가 태어난 것이 해방 다음 해였다. 우리 형이 해방 전해에 태어났으니 나와는 두 살 터울이다.

당시 원산철도청에서 근무하시던 아버지가 내가 태어나던 해에 땡전 한 푼 가지지 못하고 야반도주하여 서울로 와서 육사에 입학했으니, 친구들이 생각하는 식의 아버지의 경제적 도움은커녕 중학교 때부터 대학을 졸업할 때까지 고학으로 일관했었다. 그러나 나는 빨갱이들의 시각으로 볼 때 친일파의 후손인 건 분명하다.

친구 아들 녀석이 내 말을 얼마나 받아들였는지는 모른다.

하지만 제집으로 가기 전에 이렇게 말했었다. 다시 찾아뵙겠노라고.

자기 자식에게 뭔가를 가르치지 않고 방치했다가 내게 데려온 친구 녀석에게 듣기 싫은 소리해서 보냈지만, 이 나라가 6 · 25의 참담한 역경을 겪고서도, 또한 잘살아 보자며 새벽 별을 보고 출근하고 자정이 넘어서야 퇴근하며 돈벌레가 되어 살았으면서도, 그 노력의 결실, 그 모든 것을 무임승차하여 말썽만 일으키던 민주팔이와 빨갱이들에게 넘겨준 책임은 우리 세대에게 있음을 부정하기 어렵다. 내 친구처럼 자식들을 가르치는 데 소홀했던 우리 세대의 책임이.

지금은 촛불 대통령 문재인이 보수진영의 국민을 속이는 발언을 남발하고 있다.

나를 친일파의 후손으로 만든 빨갱이들을 대표하여 대통령이 되고서도 미국 방문 때, 방명록에 '대한미국 대통령 문재인'으로 기록해서 이것이 실수라고 말하지만, 나는 미군 철수를 강력하게 요구한 것이라고 생각한다. 그는 과연 친일파 후손인 나보다 깨끗한 인간일까. 아무리 내가 친일파의 후손일지라도 자국의 국가명을 쓰는데 죽었다 깨어나도 실수가 있을 수 없을 것이기에 그렇다.

썩어빠진 언론과 촛불을 앞세워 집권하고 무작정 긍정 일변도의 보도로 국민을 우민화하는 빨갱이가 되기보다, 차라리 친일파 후손일지언정 이 나라의 자유민주주의를 지키는 자유인이 되겠다.

◇ 친일프레임 타파하지 못하면 총선승리 어렵다

― 현산 김형도

저들이 쳐놓은 친일 반일 프레임 그물이 생각 외로 위협적이다. 이 프레임을 타파하지 못하면 보수우파 총선승리는 어려울 것 같다. 이번에 처음 투표권을 얻은 고3 세대는 물론이고 20대로부터 40대 젊은이들까지 친일 반일 선동은 이미 어찌해 볼 수 없을 정도로 깊이 세뇌된 상태다.

사정이 이러함에도 미래통합당 전략은 겨우 이 프레임의 덫에 걸리지 않고자 친일 반일 이슈를 외면하거나 회피하기 위해 전전긍긍하는 정도이다. 문재인과 조국이 반일선동 시작할 때는 마치 대세에 뒤처질까 두려워 함께 춤추는 모습도 보였다. 이래서는 부지불식간에 이미 덫에 걸린 것이다.

그러나 친일 반일 프레임 공격을 타파하는 건 한편으로 쉽다. 오히려 담대하게 일본과 친하게 지내야 나라가 산다고 정면으로 선언하고, 반일선동은 남한을 고립시키고 한미관계를 악화시키기 위한 김일성의 갓끈론 교시를 따르는 것이라고 정면으로 역공, 김일성 하수인들에게 농락당하고 있다고 맞서는 것이다.

문제는 이 같은 선언과 청년층을 설득할 사람이 누구인지가 중요한데, 내가 보기론 미래통합당에는 그런 인물이 없다. 스스로 중도로 한정한 정당에 단기필마로 적진의 중앙을 내달릴 용장이 있을 리 있나. 같은 말도 누가 하느냐에 따라 파괴력과 영향력이 전혀 다르다.

만약 미래통합당이 친일 반일 프레임 타파가 판을 뒤집을 핵심이라 여긴다면 방법을 찾을 수 있겠지만, 이 역시 그럴 가능성은 매우 회의적이다. 괜히 우군이 될 수 있는 우리공화당과 조원진 대표를 비난하며 물고 늘어지는데 시간과 에너지를 허비할 때가 아니다. 승패를 가를 전장은 거기가 아니다.

우리는 지금 어디에 서 있고 어디로 가고 있는지, 적의 대군은 어떤 무장과 전술 전략으로 어디로 어떻게 오고 있는지 눈을 들어 하늘을 봐라. 대중은 오래전부터 성안에 잠입한 간자들의 이간책과 선전 선동에 세뇌되어 적의 대군이 닥치면 곳곳에서 성문을 열어줄 것이다.

내 귀에는 그때의 비명과 아우성이 들리듯 하여 괴로운데, 정작 아군의 지휘관과 장수들은 물론 병사들까지 모두 딴 곳에 정신 팔려 형세를 오판하고 천하태평인 것 같으니, 어이할꼬. 하여 그들에게 이

번 전쟁의 목적은 반드시 이기겠다는 결사의 의지가 아니라, 이 와중에도 한몫 챙겨 보겠다는 심중이 아닌가 싶기도 하다.

◇ 좌익이 반미 반일을 선동하는 이유

– 현산 김형도

민족주의의 발로라고? 택도 아닌 소리. 수령님 보시기에 좋은 일이기 때문이다.

이들에게 민족주의의 이름을 붙이는 건 택도 아닌 왕관을 씌워 주는 꼴. 좌익에는 원래 민족주의가 없고, 민족주의로 활동한 좌익도 거의 없다. 일제시대 때 공산주의자들이 항일했다는 건 민족주의에서가 아니라 공산주의를 위한 거였다. 일제가 조선은 물론 본토에서부터 공산주의를 강력 탄압했으므로.

오늘날 좌익의 반미(反美) 반일(反日)은 민족주의로 포장하고 위장한 수령님의 남한 고립전략을 충실히 수행하는 것일 뿐이다. 그렇게 해서 궁극적으로 미국 일본이 한국에 진저리를 내 떠나도록 만드는 것이 목표. 그래야 남한을 먹고자 하는 수령님의 뜻이 이루어질 것이므로.

좌익의 이런 단무지 전략이 통하는 건 한국 국민 대중은 물론 지식인들조차 정신 상태는 쌍놈을 벗어나지 못하고, 지적 수준도 천박한 데에 기인한다. 반미 선동하는 좌익 거두들이 제 자식놈들은 미국 유학시키는 걸 보고도 그들의 낯짝 두꺼운 반미 반일 선동에 잘도 놀아나는 국민 수준을 봐라.

학력 지위 재산에도 불구하고 우리 국민의 DNA에 새겨진 쌍놈 정신과 천박한 지력을 입증하는 대표적인 사례가 박근혜 대통령 파면을 만장일치로 결의한 헌법 재판관들. 검찰과 법원이 나라 체신과 헌법 취지를 무시하고 박근혜 정권의 고위 공직자들과 이재용 부회장을 구속 재판하는 막가파 행태도 마찬가지.

그런데 나라를 지탱하는 보수우파 지도층과 지식인들도 상당수가 여기에 동조 동참하거나 침묵으로 용인하는 게 한국 수준의 실정이다. 문재인이 박근혜 탄핵과 구속을 큰 성과인 양 내세우다 세계로부터 왕따 당하고 있는 걸 보면서도, 보수우파마저 문재인과 손잡은 탄핵 동지들이 당권을 장악하고 있잖은가?

바야흐로 대한민국은 미개(未開)와 천박(淺薄)이란 제 무게에 의하여 스스로 바닥까지 가라앉을 기세다. 문재인 일당이 문젯거리도 되지 않는 위안부 문제를 외교 문제로까지 만들었기에 이제 더 이상 달라질 것도 없다. 어차피 대한민국은 지옥행 열차를 탔고, 국민은 지옥행인지 뭔지도 모르고 손뼉을 치고 즐거워하고 있으니.

아프지만 우리 국민은 부강하고 독립된 나라를 가질 자격이 없음을 인정하는 데서부터 다시 시작해야 활로를 찾을 수 있을 것 같다. 이대로는 다시금 일제시대처럼 유랑 민족이 될 것이 눈에 선하다. 어느 나라가 대한민국을 예전처럼 대접하겠나? 단적인 예가 문재인 일당이 크게 믿고 기댔던 중국마저 문재인을 대놓고 경멸한 것.

문재인 일당이 혁명을 주창하며 헌법을 무시하고 대놓고 사회주의를 지향하는 데도 좌익의 좀비가 되어 선동에 춤추는 국민 대중이다. 국가운명을 국민 대중이 결정하는 민주화 시대에는 국민의 각성 없이는 수령님 교시 이행에 수단 방법을 가리지 않는 좌익을 제압할 방법이 없다.

고등교육 이수율 세계 2위라는 대한민국 국민의 사리분별력은 60년 전 중국의 중고등학생 홍위병 수준이니, 돌아보시라, 집시처럼 유랑민족이 되었던 조선인을 세계 10위권의 대한민국 국민으로 만든 이승만 박정희 전두환 박근혜 대통령을 누구 손으로 처단했는가? 그리고 그 자리를 대신 차지한 자들이 누구이며 그들이 나라에 한 짓이 무엇인가?

하늘에 지은 죄는 빌어도 소용없다 했다. 회개의 통곡 소리가 하늘에 닿지 않는 한 우리 국민은 자업자득의 이 업보를 벗어날 길이 없어 보인다. 자멸하는 대한민국, 집이 무너지고 있는데도 위아래 할 것 없이 방안에서 밥그릇 쟁탈전에 혈안이 된 지도층과 국민들….

◇ 백선엽 장군을 친일파로 모함 매도하는 이유

– 현산 김형도

6·25동란에서 대한민국을 구한 전쟁 영웅 백선엽 장군 별세에 문재인 정부가 동작동 현충원 안장을 사실상 거부하고 있다. 문명국이 아니더라도 세계 어느 나라에서도 있을 수 없는 일. 왜 이런 가당치도 않은 일이 일어나고 있을까?

독립군 때려잡은 간도 특설대? 택도 없는 소리다. 백선엽 장군이 만주군 소위로 임관한 1943년에는 만주에 독립군 씨도 없었다. 만주군 장교라서 친일파라고? 나라가 망한 다음에 태어나서, 태어나면서 일본국 신민이었고, 당시 일본은 귀족 자제가 아닌 조선인에게는 장교가 될 사관학교 입교 자격조차 주지 않았다.

같은 날 사망한 박원순과 비교하면 문재인 정권의 행태에 의문이 더욱 깊어진다. 박원순은 권력을 악용한 파렴치한 성추행범이고, 사건이 들통나자 회피수단으로 자살해버렸다. 부끄러운 죽음이고 서울 시민에게 참담함을 안긴 자다. 이런 자를 마치 영웅인 양 국민 세금

으로 광화문광장에 분향소를 설치하고, 거창하게 5일장의 서울특별
시장(葬)으로 받든다. 코로나를 이유로 광화문광장 집회를 일절 금지
한 와중에.

문재인 정권에서 왜 이런 비상식 비정상적인 행태가 당당하게 자
행될까? 정답은 6·25 당시 백선엽 장군이 인민군으로부터 낙동강
전선을 지켜냈고, 박원순은 대한민국 정체성 파괴에 열중한 자이다.
쉽게 말해, 그들 내심에는 그들이 그리던 한반도 적화통일을 백선엽
장군이 저지한 철천지원수이기 때문이다. 그렇다면 문재인 정권은
누구 편인가? 김일성 왕조 편인가, 대한민국 편인가.

우리에게는 사실을 사실대로 명료하게 선언할 보수우파 지도자가
필요하다. 그러나 지금까지 아무도 없었다. 국민 대중은 무지하고 지
식인들은 비겁하게 처신해 온 결과, 보수우파의 둥지로 여겼던 정당
마저 보수와 자유, 이승만 박정희 대통령을 버리자고 하는 마당이니.
하늘이 선물을 줄래도 받을 그릇이 없는 처지가 된 대한민국, 나라를
구한 영웅 백선엽 장군을 우리 국민이 버리고 있는 것이다. 이러고도
나라가 망하지 않을 수 있겠나?

◇ 나는 친일파다, 대신 너는 빨갱이다

– 조고아제 조광제

　좌빨들이 제일 듣기 싫어하는 말이 빨갱이다. 오죽하면 문씨 아저씨가 3·1절 행사에서 "친일파 후손들이 우리들을 빨갱이라 한다"라고 했을까.

　여기서 빨갱이에 대한 역사적 고찰을 해본다면, 일제시대 때 빨갱이라는 말을 했다. 그럼 어떤 사람에게 했나? 일제 경찰이 사회주의적 항일운동가나 공산주의자들한테 일본말로 '아카', 즉 '빨강이'라고 했다. 사회주의나 공산주의의 반대 세력을 뭐라 해야 하나. 민주주의자도 애매하고, 민족주의자도 애매하니, 일반 항일운동가라고 하면, 일제는 이 일반적인 항일운동가들한테는 '아카', 즉 '빨갱이'라 하지 않았다.

　그렇기 때문에 문씨 아저씨가 말하는 친일파, 즉 일제에 협조하는 세력이 모든 항일운동가한테 빨갱이라 했다는 것은 완전 구라다. 일제는 사회주의적 공산주의적 항일운동가들한테만 빨갱이라 한 것이다.

남한에서 빨갱이라는 말이 퍼진 것은 어느 골 빈 좌빨이 말한 48년 4·3사태 때가 아니고, 그 전 46년에 있었던 대구 폭동 때라고 한다. 대구 폭동 때 좌익들이 경찰을 감금하고 불태우고 때려죽이고 하는 것을 보고 빨갱이라고 했다. 그러던 것이 6·25전쟁이 나서 북괴의 살육을 보면서 북괴 집단을 빨갱이라고 하는 말이 전국적으로 확 퍼져버렸다.

지금도 공산주의자들은 붉은 기를 사용하며, 적기가라는 노래도 있고, 가사 중에는 붉은 깃발 아래 목숨 바친다는 것이 있다. 그러니 공산주의자들을 빨갱이라 하는 것은 너무나 자연스런 용어가 되었다.

좌빨들은 우리 자유우파들이 친일파라는 말을 제일 듣기 싫어하는 것으로 알고 있다. 자, 그럼 너희들은 우리를 친일파라 불러라, 대신 너희들을 빨갱이라 불러도 시비 걸지 말라.

일제강점기도 아닌 21세기 대한민국에서 한 해 천만 명 이상이 일본 여행을 하는 마당에 친일파라고 불린들 명예에 무슨 훼손이 있을 것이며, 국익에 무슨 위해를 입히겠는가? 대신 현재 대한민국에서 국익에 심대한 해악을 끼치고 있는 것들이 바로 빨갱이가 아닌가.

다시 한 번 공지하니, 나는 친일파다, 대신 너는 빨갱이다.

◇ 민비를 명성황후로 격상시킨 것도 친일장사를 위한 것

– 조고아제 조광제

종북 좌빨들이 보수우파를 죽이고자 할 때 제일 먼저 써먹는 전략이 친일파다. 대한민국 사람치고 이 친일파에 걸려들고서 살아남을 자가 없다.

대한민국 역대 대통령 중에 노무현이라는 자가 있었다. 이 자의 제일 큰 문제는 운동권의 막내라서 운동권으로 이뤄진 친노 세력의 정권은 조직 장악력이 별로 없었다.

그러다 보니 희한한 일이 많았는데, 그중 하나가 민비를 명성황후로 격상시킨 일이었다. 지하에 있는 민비마저도 '저것들이 왜 저래? 지하세계 오래 살고 볼 일이네' 하며 의아해 할 정도였다.

친일 장사에 있어서 전제되어야 할 사항이 두 가지가 있는데, 첫째는 조선은 아무런 잘못이 없고, 둘째는 일본은 무조건 나빠야 한다는 것이다. 노무현 정권의 어떤 놈이 두 번째 전제조건인 일본이 무조건 나빠야 하는 조건에 맞는 아주 좋은 소재를 찾아낸다. 그게 바로 민비가 일본 낭인의 칼에 찔려 죽었다는 것이다. '일본은 나쁜 놈이다'라고 하는데 이보다 더 좋은 재료가 없었던 것이다.

그래서 민비를 명성황후로 격상시키고, 노래도 만들고 연극도 만들고, 뮤지컬도 만들고 영화도 만들고, 전시회도 열고 대한민국에 명성황후 열풍을 만든다. 이러니까 뭘 모르는 국민들은 조선의 국모를 죽인 일본 놈이라고 더욱더 친일파라면 씹어 드실 것처럼 덤벼들게 된다. 이래 놓고 과거사 진상규명위원회라는 걸 만들고, 진실과 화해를 위한 과거사진상위원회 같은 걸 만들고, 친일파 인명사전을 만들어 자기들의 권력과 탐욕을 위해 방해되는 사람들에게 친일파라는 굴레를 씌워 제거하는 시도를 한다.

자, 그럼 민비가 어떤 여자인가? 순조, 헌종, 철종 내리 3대를 안동 김씨들이 모든 관직을 싹쓸이하고, 매관매직을 일삼으며, 조선 백성들에게 엄청난 피해를 주었다. 그 다음 고종 때 이번에는 여흥 민씨가 외척으로 등장하면서 백성들의 고혈을 빨아먹는다. 조선의 한해 세수의 14.3%를 민씨 일가가 차지했으며, 민비는 외세가 쳐들어와도 병사를 늘리고 훈련 시키고, 칼과 활을 만드는 것이 아니라, 유명한 무당을 불러 굿을 하고, 자기 새끼가 아파도 치료 대신 명산 꼭대기마다 재단을 차려 굿을 치르게 했다.

민비가 죽은 것도 이렇다. 매관매직으로 고부 군수가 된, 노무현 정권 청와대 홍보수석 조기숙의 증조부인 조병갑이 고을 백성들을 수탈하자 1차 동학 농민반란이 일어난다. 2차, 3차에 걸쳐 일어나는데, 3차에 이르러서는 한양 턱밑까지 밀고 올라오자 다급한 조정에서 청과 일본에 원병을 요청하는데, 대원군은 일본군 2만5천 명을 동원하고 민비는 청군 8천 명을 동원한다.

이리하여 동학 농민반란은 어찌 어찌하여 진압되는데, 동원된 청군과 일본군이 한양에서 조선에 대한 주도권 싸움을 하게 된다. 결국 병사 수에서 밀린 청이 패하고 일본은 그 여세를 몰아 청으로 쳐들어가서 결국 청이 멸망하게 되는데, 이것이 바로 청일전쟁이다. 민비는 이 와중에 일본 낭인에 의해 죽는다. 민비가 아무 이유 없이 일본 낭인한테 죽은 것이 아니고, 청을 불러들였고, 청과 일본의 조선에 대한 주도권 싸움에서 청이 졌기 때문에 죽은 것이다.

민비가 명성황후가 된 것은 청일전쟁 후 오랫동안 굽실거릴 수밖에 없었던 오랑캐 나라 청으로부터 자유로워지자 고종이 대한제국으로 국호를 바꾸고, 자기는 황제로 새로 등극하고, 이미 죽은 민비를 명성황후로 바꿔 불러서이다. 이런 민비의 행실이 있었기에 후세의 사가들은 민비로 격하시킨 것이다. 노무현 정권 당시 물론 친일파로 낙인찍힐까 봐 그랬겠지만, 이런 사실을 아는 지식인들의 침묵에 화가 날 뿐이다. 이들은 지금도 침묵하고 있다. 다만 공식적인 간행물이나 매스컴 외에서는 명성황후 대신 민비로 다시 호칭 되는 것이 다행이기는 하다.

조선 500년 전체가 문제 있는 것은 아니지만, 조선 중기 이후가 문제였다. 일본이 나쁜 것은 당연하다. 하지만 조선에도 문제가 분명히 있었다. 우리 조상의 역사라고 무조건 빨아주는 것은 온당치 않다. 그러다 보니 친일 장사꾼들이 철저히 이용하면서 남남갈등을 일으키고, 자기들의 추악한 목적에 이용하고 있는 것이다.

◇ 위안부의 거짓말(온종일화롯뿔)

- 조고아제 조광제

과거 90년대 말/ 2000년대 초에 발간된 위안부 수기를 보면, 대개는 집이 가난하여 팔려갔다는 내용이 많이 나온다. 부모가 먹는 입 줄이려고 딸자식을 팔고, 애비의 노름빚 대신에 팔리고, 어린 동생 먹여 살리기 위해 팔리고 등등… 눈물 없이는 볼 수 없는 이런저런 기구한 사연들이 많이 나온다. 그래서 부모나 삼촌, 오빠를 원망하는 내용이 많다. 그러나 그것이 어느 순간, 경제적인 어려움 때문이 아니라 갑자기 일본 군경에 납치되었다고 말이 바뀐다. 새로운 주장이 나오는 것이다. 부모나 친지에 의해 팔린 것이면 일본을 공격하기 어려우니 말을 바꾼 것이다.

그리고 위안소의 운영은 거의 전적으로 민간에 위탁하였는데 아무도 그 위안소의 포주를 찾지 않는다. 위안부 화대의 50~60%를 착복하고, 위안부의 하루 할당량을 초과 노동시키고, 성병을 방치한 것은 모두 포주의 잘못이다. 이렇듯 위안부 모집부터 운영 관리의 모든 실질적 책임자는 포주인데, 한국의 그 어느 위안부 관련 단체나 그것을 연구하는 학자들이나 모두는 이들 포주들을 찾지 않는다. 왜 그럴까? 생각을 해보라. 그 포주가 조선인이라면 어떻게 되나? 또 친일파 포주라고 욕을 할까? 그렇게 되면 '전적'으로 '무조건' 일본 정부 잘못이라고 하던 '정치적 억지'가 약해지잖아. 그래서 찾지 않는거다. 만일 일본인 포주라고 하더라도 일본정부/ 조선총독부/ 일본군 총사령부(대본영)에 책임을 전가하기가 전보다는 어려워지기 때문일 것이다.

과거 위안부 문제가 처음으로 불거지게 된 계기는 한국인 위안부들의 주장 때문이 아니고, 한국인 위안소 이용자들 때문도 아니다. 일본의 좌익시민단체에서 최초로 위안부 문제를 제기하고, 그 소재로 독립영화까지 제작하였다. 이후 한국에서 돈 냄새를 맡은 ○○○ 씨와 동료들이 단체를 만들고 자칭 위안부라는 할매들을 끌어모았다. 그리고 여러 증언을 수집하고 수기집을 발매했다. 최초의 수기는 일본의 납치보다는 경제적 어려움이나 조선인 취업사기꾼에 초점이 맞춰져 있어, 이 책은 지금 좀처럼 이용되지 않는다.

이후 증언을 할 때마다 계속 말이 바뀐다. 그들의 목적은 위안부 여성의 고통스런 삶에 대한 보상이라든가, 전쟁에서 착취당하는 여성 성에 대한 반성이라든가 이런 것이 아니다. 그저 일본에 대한 정치/ 외교적인 공격 그리고 반일감정의 조장 및 확산이 주요 목적이다. 그래서 일본 정부로부터, 혹은 정식 기금으로 배상금을 받으면 자기들끼리 서로 배신자라며 배척하고 온갖 쌍욕을 시전한다. 돈이 중요한 것이 아니라 진심 어린 사죄를 받아야 한단다. 그러면서 택도 없는 위안부 20만 납치설을 인정하라니. 이놈들은 정신병자이거나 혹은 그냥 사기꾼이라 하겠다.

최근 위안부와 관련하여 티비에서 '망언'이라는 말이 자주 등장한다. 그러나 역사의 진실을 알고 있는 사람들이 볼 때는 '망언'은 한국인들이 하고 있다. 아무리 잘못한 것이 없다 하더라도 항상 '피해자'의 감정을 고려하며 립서비스를 해 주던 일본인들이 그렇게까지 직설적 발언을 한다는 것은 한국인들의 지랄병 시전에 질려버렸기 때문일 것이다. 도대체 언제까지 참아야 하는 것인가 하는 반발심리에 의한 것이다. 이것은 모두 한국 측의 잘못이다. 뭐든지 적당히 해야지, 일본을 궁지에 몰기 위하여 거짓말까지 서슴지 않는 패악질 때문에 이런 사태가 생긴 것이다.

그리고 일본 국내의 분위기도 과거와는 많이 달라졌다. 더이상 마냥 여유로운 일본이 아니기 때문이다. 일본이 영원토록 '약자'를 배려하기만 하는 마음씨 좋은 '이웃 국가'일 수는 없다. 이런 이유로 이러한 사태를 초래한 것은 한국인의 욕심과 떼쓰기 때문이라는 것을 언제나 가슴 깊이 명심하면 좋겠다. 그것을 명심하기 싫은 사람들은 하시모토와 유신회 의원의 발언, 전시에 위안부는 전 세계에 다 있었다는 것이나, 지금 일본에 한국인 매춘부가 우글댄다는 주장에 반박할 수 있기를 바란다. 그것을 할 수 없다면 그냥 아가리 닥치고 조용히 살기를 바란다.

◇ 친일이 애국이다

- 운지맨 최재범

　미국-일본은 우리의 우방이고, 러시아-중국-북한은 우리의 주적이다. 그런데 왜 자유한국당은 보수우파를 참칭 하면서 친중-친북 세력에 부역질하고 빨갱이들의 反日 꼴값질에 동참하고 앉아 있는가? 이런 굴종적인 태도는 지지율 향상에 하나도 도움이 되지 않고 오히려 자유한국당을 정의당만도 못한 TK 자민련으로 전락시킬 뿐이다. 우리는 앞으로 "친일은 애국, 반일은 매국" 이라는 식의 친일 분위기를 조성해 나가는 일에 주력해야 할 것이다.

　이씨 조선은 지금의 북한과 같은 세계 최악의 쓰레기 나라, 일본은 미개한 조선을 근대화시켜 준 고마운 나라.

　나는 이씨 조선을 쓰레기라 부르고, 대일본 제국의 조선 식민지배가 우리에게 크나큰 축복이었다고 당당하게 말할 수 있다. 세종은 노비종모법(奴婢從母法)으로 노비들을 대량 양산하고, 여성 편력도 심각했는데 상당히 미화하고 있다. 세종이 만들었다는 한글은 사실

원래 있던 가림토 문자를 체계화시킨 것에 지나지 않고, 물론 세종이 장영실을 시켜 측우기, 해시계, 물시계(自擊漏) 등을 발명하게 하는 등 과학의 발전에 어느 정도 이바지한 것은 사실이지만, 그는 공도 많지만 그만큼 과도 많은, 한마디로 5천 년 역사상 가장 과대평가된 인간이다. 차라리 왕비를 평생 1명밖에 두지 않았던 그 아들 세조(수양 대군)가 여자관계 측면에서는 아비 세종 이도에 비하면 훨씬 낫다. 정규재 펜앤마이크 대표와 이영훈 교수가 이 점을 정확하게 짚었다.

이씨 조선과 김씨 조선은 일란성 쌍둥이.

이씨 조선과 김씨 조선은 같은 전제군주제 국가라는 점, 국민들의 생활 수준이 매우 낮다는 점, 신분제도가 있다는 점, 기독교를 박해한다는 점, 중국 뒷구멍을 빨고 미국-일본과 같은 서구 열강들을 배척한다는 점 등에서 매우 유사하다. 김씨 조선을 추종하는 빨갱이들은 일본을 욕하기 위해 일부러 세계 최악의 쓰레기 나라였던 이씨 조선을 미화하는 것이다. 그런 이씨 조선을 근대화시켜 준 고마운 나라가 대일본제국 아니었던가? 우리를 근대화시켜 준 대일본제국을 욕하기 전에 미사일을 쏘아대는 김씨 조선을 욕해 봐라.

자유한국당, 순도 100% 정통 친일우파 애국정당으로 거듭나야.

우리는 윤서인 화백이 말한 '친일극우(7199)'를 지향해야 할 것이고, 빨갱이들의 친일프레임에 절대 겁먹지 말고 친일 분위기 조성으로 이를 정면 돌파해 나가야 할 것이다. 우리는 '남북분단'을 넘어 '朝-韓 분단'으로 가야 할 것이고, 이씨 조선과 김씨 조선의 더러운 DNA를 물려받은 문씨 조선의 반일-종북 족속들을 척결하고, 주사파 빨갱이 없는 '시스템사회'를 건설해 나가야 할 것이다.

한국당 나리들아, 제발 정신 차려라. 이제는 남한과 북한의 싸움이 아니라 '조선족'과 '한국족'의 싸움이다. 조선족은 김씨 조선-문씨 조선의 반일족, 즉 남북한 빨갱이들이고, '한국족'은 일본을 사랑하고 대한민국을 사랑하며 한미일 자유주의 동맹 강화를 지향하는 애국우익 세력이다.

한국족 애국우익들이여, 한반도에 기생충처럼 기생하는 조선족 중국인 반일족들을 몰아내고 진정한 한반도 자유통일을 이룩하여, 아시아 대륙에 자유를 전파하는 팍스 코리아나(Pax Koreana) 시대를 열어 나가자!

◇ 좌익들 눈치 보지 말고 더 당당하게 친일하라

– 운지맨 최재범

더불어민주당의 친일프레임이 먹혀들었는지, 자유한국당 지지율이 10%대 후반으로 급격히 떨어지고 문재인과 더불어민주당의 지지율이 급상승하고 있다. 그런데 문제는 자한당이 '좌한당' 이라는 별명답게 좌익들 눈치를 보며 문재인 좌파독재 정권의 反日 꼴값질에 동참하고 있다는 것이다. 황교안–나경원, 이것들은 또 좌익들 눈치 보고 앉아 있다. 도대체 이 버릇은 언제 버릴 거냐.

윤서인 화백이 윤튜브 채널 Vlog 방송에서 매일같이 하는 인사말이 있다.
"친일극우(7199) 친구들 안녕?"

이것은 빨갱이들이 국내 유일무이 애국우파 만화가 윤서인 화백에게 씌우는 친일극우 프레임을 반어법으로 비꼰 것이다. 물론 나는 5·18 북한군 개입 사실을 부정하는 태도를 보인다는 점에서 윤서인 화백을 그리 좋게 보지는 않지만, 적어도 일본에 대해서만큼은 윤서인과 생각이 거의 100% 일치한다. 우리는 윤서인의 말대로 '친일극우'를 지향해야 하며, 빨갱이들의 친일프레임에 맞서 정면돌파를 해야 한다. 그렇게 친일 분위기를 만들어내야 10%대 후반으로 떨어진 자유한국당의 지지율을 다시 회복시킬 수 있을 것이다.

황교안-나경원, 이것들아, 제발 친일을 할 거면 당당하게 좀 해라. 빨갱이들이 토착왜구 운운하면 "그래, 우리가 토착왜구다. 그래서 뭐 어쩔래? 친일은 애국이고, 종북-친중이 진짜 매국이다. 대일본 제국의 조선 식민지배는 우리에게 크나큰 축복이었고, 따라서 우리는 일본에게 감사해야 한다."라는 식으로 당당하게 맞서라.

황교안-나경원, 이 겁쟁이-쪼다 같은 인간들아, 제발 좀 쫄지 말아라. 당신들이 빨갱이들에 계속 겁먹은 채로 병신같이 당하고만 있으면 자유한국당의 지지율은 점점 더 떨어질 것이고, 한국당은 다음 총선에서 또 다시 TK 자민련으로 전락하고 말 것이다.

◇ 문재인은 친일장사로 정권을 잡고 공산혁명까지 몰아가

- 남자천사 이계성

우리나라에서 '친일파'는 한 명도 없다. 그런데 주사파들은 자기들에 동조하지 않는 국민들을 토착왜구로 매도한다. 그러나 문재인을 비롯한 친북파·친중파 중에는 친일하던 후손들이 많다.

문재인은 친일파는 독도가 일본 땅이라는 자들이라고 한다. 그러나 우리 국민 중에 독도가 일본 땅이라는 국민은 없다. 일제강점기에 일본이 시키는 대로 하지 않으면 살길이 없었다. 그때 살기 위해 일본에 동조한 사람이 친일파는 아니다. 문재인이 친북반미를 하면서 반대파를 숙청하기 위해 친일파를 조작해 냈다.

문재인은 국민을 내 편 네 편으로 갈라 반대편을 친일파로 매도했다. 독립유공자 이승만, 안익태, 박정희, 백선엽 같은 애국지사들을 친일파로 매도하면서, 그리고 이분들을 국립현충원에서 끌어내겠다며 시체와 싸움을 벌이고 있다.

21세기 대한민국에서 문재인이 죽은 사람과의 싸움을 벌이고 있다. 그것도 간첩 윤이상은 애국자로 둔갑시키고, 애국가 작곡가인 애국자 안익태는 친일파로 매도하고 있다.

문재인은 친일파의 챔피언은 이승만이라고 주장한다. 북한의 '친일청산'은 선전 구호에 가까웠다. 131명이 실형을 받았다고 하는데, 그들이 누군지 무슨 재판을 받았는지도 공개돼 있지 않다. 반면 이승만 정부는 친일청산법을 제정하고 559명을 체포했다. 221명을 기소해 38명을 재판으로 처벌했다.

북한에선 일본 제국대학 출신들, 일본군 출신 기술자들, 일본 기업 출신들이 모두 우대받았다. 심지어 전문직 일본인들도 특별대우를 받았다. 이승만 정부 내 일제 관료 출신은 32%였다. 주사파 운동권은 이런 사실은 절대로 말하지 않는다.

박정희 대통령의 한·일 국교 협상이 친일이라지만, 그때 받은 돈으로 박정희는 1대 29였던 일본과의 GDP 격차를 1대 3으로 좁히는 기적의 터전을 닦았다.

한국에 피해를 준 것은 일본이 아니라 중국이다. 중국은 김일성을 도와 6·25남침으로 한국을 초토화 시키면서 군인과 국민 300만 명이 죽었다. 중국이 6·25로 준 피해는 일제 35년 피해의 수백 배에 해당한다.

문재인과 주사파들은 국익을 위한 친중이 아니라 이념적으로 공산혁명을 위해 친중을 하고 있다. 한국에선 문재인을 중심으로 한 친중파가 있지도 않은 '친일파'를 공격한다. 문재인이 적화통일을 할 때까지 '친일파 장사'는 계속될 것이다.

1970년대 주사파들은 '박정희가 대일청구권자금 받아 경제개발할 때 굴욕 협상을 했다'는 이유로 극렬히 반대했다. 윤미향 사건도 친일을 이용하여 돈벌이를 한 것이다. 친일장사로 배부른 주사파들이 아직도 배가 고프다며 친일을 외치며 정치 장사 돈 장사를 하고 있다.

그것도 모자라 애국지사를 친일파로 몰아 부관참시하겠다고 한다. 문재인 왕조정치가 시작되었다. 이를 막기 위해서는 혁명밖에는 길이 없다.

◇ 부도덕한 패륜인간 윤미향 덮기 나선 민주당과 문재인

― 남자천사 이계성

'윤미향 패륜 행위'가 조국 사태만큼이나 우리를 분노하게 한다. 자고 나면 쏟아지는 윤미향 의혹이 조국 사태를 닮았다. 그래서 윤미향은 여자 조국이라는 말이 떠돌고 있다. 의혹 리스트는 열 손가락을 두 번쯤 꼽아야 할 정도이고, 종류도 여러 갈래다. 윤미향이 이사장을 맡았던 정의기억연대(정의연)는 2016년부터 4년간 13억 원의 국고보조금을 받았는데, 국세청 공시에는 5억 원을 받은 것으로 돼 있다. 절반이 넘는 8억 원이 증발된 것이다.

윤씨가 상임대표였던 정대협도 최근 5년간 2억 6천만 원가량 자산을 국세청 공시에서 누락했다. 5년 동안 매년 액수가 차이가 났다. 기부금으로 2018년 맥줏집에 3,339만 원을 지출했다. 그해 받은 기부금 지출 3억1천만 원의 10%가 넘고, 위안부 할머니 지원에 쓴 2천3백만 원보다 많은 금액이다. 그러나 실제로는 맥줏집에 430만 원만 지불했다는 것이다.

안성 쉼터는 시가보다 3억 원 비싸게 7억5천만 원에 매입했고, 인테리어에 1억 원까지 들였는데, 7년 뒤 4억2천만 원에 팔아 4억3천만 원 손해를 본 것이다. 그런데도 "제값 주고 샀고, 제값 받고 판 것"이라고 우긴다. 수상한 뒷거래를 감추기 위한 거짓말이다.

안성 쉼터에는 윤씨 아버지가 머물면서 6년 동안 7천5백만 원 관리비를 받았다. "한 달에 120만 원씩 저임금"이라고 해명했는데, 국민 눈에는 시골 별장을 공짜로 이용하며 짭짤한 용돈까지 챙긴 것으로 비친다. 윤씨는 8년 전 아파트를 2억 원 현금을 주고 낙찰받기 위해 갖고 있던 적금을 모두 깨고 모자란 돈 4천만 원을 빌렸다고 했다. 그런데 지금 저금통장에는 3억2천만 원이 남아 있다.

윤씨 부부가 내는 1년 소득세가 연간 100만 원이라고 한다. 역산하면 연간 소득이 5천만 원으로 추산된다. 8년 동안 모두 모아도 4억 원이다. 주사파 윤미향의 거짓말이 문재인을 능가하고 있다. 윤미향은 위안부 할머니들을 앵벌이로 이용하여 돈벌이하고도 부끄러움 하나 없이 당당하다. 그런데 민주당과 문재인이 비호하는 것은 조국 사태와 똑같다.

윤미향은 1992년 28세의 나이로 정대협에 몸을 담고 간사, 사무국장, 사무총장, 상임대표를 역임한 뒤, 그 후신인 정의연 이사장까지 지냈다. 윤 씨는 자신이 위안부 진상규명 30년 역사를 상징한다는 자신감 때문에 "감히 누가 내 뒤를 캐랴"라고 방심했을 것이다.

실제 "할머니들을 위해 모았다는 돈이 어디 쓰였는지 모르겠다"는 문제 제기가 위안부 할머니 입에서 나오지 않았다면 누구도 윤 씨와 관련 단체를 들춰볼 엄두를 내지 못했을 것이다.

윤 씨는 자신에 대한 의혹 제기를 "친일이 청산되지 못한 나라에서 정의·여성·평화·인권의 가시밭길로 들어선 사람이 겪어야 할 숙명으로 알고 당당히 맞서겠다"고 했다. 민주당 중진 인사는 "위안부 사죄와 배상 요구를 무력화할 목적을 가진 세력의 음모"라며 윤 씨를 감싼다. 윤미향이 국회의원 배지를 욕심내다가 사달이 났다고 아쉬워하는 사람들이 있다.

그러나 그대로 넘어갔으면 위안부 진상규명이 회복 불능의 치명상을 입었을 것이다. 위안부 할머니들을 이용, 돈벌이한 파렴치한 짓이 덮일 뻔했다. 주사파들의 철면피한 모습이 윤미향에 의해 드러냈다. 검찰은 썩은 부위를 과감하게 도려내야 한다.

문재인은 울산시장 부정선거를 덮기 위해 부정부패 비리백화점 조국을 법무장관에 임명하여 무리하게 방어하려다가 검찰을 만신창이로 만들었다. 윤미향 사건이 조국 사건의 되풀이가 되면 분노하는 민심을 막지 못할 것이다.

◇ 더불어민주당은 위안부 할머니들을 제2의
  세월호 유족으로 만들지 말라

– 남자천사 이계성

중국의 한 천년 고찰에 3타종(三打鐘)이 있는데, 한 번 치면 복이 오고, 두 번 치면 벼슬이 오고, 세 번 치면 장수한다고 한다. 그런데 욕심 많은 선비가 네 번 쳤더니 3번 쳐서 이룬 공이 백지가 되었단다. 이것이 공자가 말한 과유불급(過猶不及)의 유래라고 한다.

2012년 더불어민주당은 무상급식으로 선거에서 재미를 보자 2013년 국정원 댓글 사건을 문제 삼아 대통령의 퇴진을 요구하며 국정 발목을 잡았으나 대법원은 무죄판결을 했다. 2014년 세월호 참사가 터지자 이를 정치 선동에 이용하는 파렴치한 짓을 하다 보선에 참패했다. 2015년에는 또다시 보선에 참패하고 친노 비노 싸움으로 분당 위기에 몰려 있었다. 그러자 국사 국정화를 정치 선동에 이용하여 국정 발목을 잡으면서 민노총과 전교조를 앞세워 테러에 가까운 11·14 불법폭력시위를 벌였다.

국사 국정화 반대에 국민들이 등을 돌리자 위안부 문제 타결을 이슈로 4월 총선을 치르려 하고 있다. 위안부 문제는 우리가 그동안 요구해 오던 "일본 정부 사과, 총리의 사죄, 일본 정부의 보상"이 다 포함되어 있다. 그런데 굴욕외교라며 위안부 할머니들을 동원해 반정부 활동을 하도록 선동하고 있다.

위안부 협상 타결을 설명하기 위해 찾아간 외무부 차관에게 위안부 할머니들은 무례한 극단적인 언어로 불량배 같은 막말을 해댔다고 한다. "자신들을 한일 담판에 참여시키지 않았다고 소리쳤다." "담판에 참가한 외교부장은 자격이 없다고 했으며, 일본 총리를 왜 못 만나게 하느냐고 야단치면서 일본 총리가 직접 와서 사과해야 한다고 노발대발했다."고 한다. 위안부 할머니들의 갑질이 도를 넘어섰다.

일본이 한일협상을 타결한 것은 미국의 역할도 컸다. 그러나 한 · 미 · 일 공조를 깨려는 종북좌파 세력들은 위안부 할머니들을 앞세워 계속적으로 선동하고 더불어민주당과 좌익 언론이 동조하고 있다. 북한이 수소폭탄 실험에 성공한 현시점에서 우리가 살길은 한 · 미 · 일 공조뿐이다. 특히 북핵에 대처하는 것은 국가생존의 문제다. 이것이 위안부 할머니 문제로 무너져서는 안 된다.

지금의 대한민국 정부는 정신대 할머니의 은인이다. 정부는 콧대 높은 일본 정부와 담판하여 사과도 받아냈고 배상도 받아냈다. 감사

를 모르고 은혜를 원수로 갚으면 제2의 세월호 유족이 된다. 더불어
민주당과 종북세력에 이용당해 국정 발목을 잡으면 위안부 할머니들
에 대한 위안과 애정의 마음이 분노로 폭발할 것이다.

  위안부 할머니를 정치의 대상으로 이용하는 더불어민주당은 일본
군과 하나 다를 것이 없다. 사건이 터질 때마다 국익을 생각하지 않
고 당리당략에 이용하는 파렴치한 짓을 해 왔다. 그래서 국민들이 등
을 돌리고 탈당이 이어져 분당 위기에 있는 것이다. 더불어민주당은
위안부 할머니까지 정치에 이용하려는 파렴치한 짓을 멈추고 국가와
국민을 위한 정당으로 다시 태어나 주기를 간곡히 당부한다.

◇ 한미일 연합훈련을 친일국방이라 선동하는 이재명

한국을 지켜주는 한미 안보방위조약

우크라이나 사태를 보며 미국과 혈맹인 것이 얼마나 큰 행운인지 절감하게 된다. 러시아에 한 달이면 끝날 것이라던 우크라이나가 예상 밖으로 선전하고 있는 것은 미국의 장비와 정보 덕분이다.

한국에는 미군이 2만8,000명이나 주둔하며 지켜주는 동맹국이다. 여기에 한국이 침략을 당하면 그 몇 배 증원군이 한반도로 달려오게 하는 한미안보방위조약이 체결되어 있다. 그 실효성을 담보해주는 게 일본이라는 후방 기지다. 6 · 25 때 미군이 부산에 도착한 것은 남침 엿새 만인 7월 1일이었다. 일본에 주둔 중인 미 24사단 중에서 가장 빨리 소집된 21보병연대 1대대를 투입했다. 미군이 한반도에 등장하자 북한은 밀려 패전하기 시작했다.

맥아더 사령관은 "스미스 부대 조기 투입으로 열흘이라는 시간을 벌었다"고 했다. 유엔 결의안 84조에 따라 유엔군 사령부가 일본 도쿄에 창설됐고, 전쟁 내내 한반도 방어를 지휘했다.

1957년 유엔사가 서울로 이전하면서 도쿄에 유엔군 후방사령부가 새로 만들어졌다. 한반도 유사시 서울 유엔사가 주일 미군을 동원할 수 있는 법적 근거가 마련된 것이다.

한국에 전쟁 나면 후방기지가 일본

일본에는 "한국에 전쟁이 나면 미국에서 공수돼 올 증원군의 1차 집결지로 사용될 땅"이 수십만 평 확보되어 있다. 그런데 이재명은 한·미·일 연합훈련에 대해 '극단적인 친일국방'이라고 매도를 했다. 또 일본 자위대 군가가 한국에 상륙할 것이라며, 머잖아 대한민국 영토에서 일본 군화 소리가 들릴 것이라며 일본의 군국주의 망령이 되살아나고 있다고 했다.

이재명이 자기 부정 부패를 덮기 위해 친일프레임으로 국민을 속이고 있다. 이재명의 눈에는 국가안보는 김정은에 맡기면 된다는 문재인의 생각과 같다.

일본 아베 전 총리는 의회에서 "미국 해병대가 일본에서 나가려면 미·일 간 사전 협의가 필요하다"고 했다. "일본이 양해하지 않으면 일본 주둔 미군을 한국에 파병할 수 없다"고 주장했다. 일본은 한국과 안보 문제로 엮이는 것이 싫고 중국 자극을 우려한 것이다.

그러나 미 국무부가 "한반도 유사시 일본 정부와 협의 없이 주일미군을 자동 파견할 것" 이라는 입장을 재확인하기도 했다.

북한이 일본을 겨냥한 미사일 발사 시험을 하는 것은 유사시 한반도에 투입될 주일미군 기지를 염두에 둔 것이다. 1990년대 이후 미국은 혼자 힘으로 아시아 지역 방어를 책임지는 데 한계를 느꼈다. 그래서 동맹국인 한국과 일본의 협력 체제와 부담을 나눠 부담하려고 한다.

한일협력은 한미협력 못지않게 안보에 중요

일본은 한국과의 협력을 미일 동맹의 의무로 받아들이고 있다. 우리에게도 한미 동맹과 한 · 미 · 일 협력은 하나로 묶여 있다.

그런데 이재명은 한미동맹이라는 혜택만 취하고 따르는 부담은 거부해야 한다는 것이다. 한국과 일본의 공통분모는 대미 동맹만이 아니다. 북핵 탑재 미사일이 떨어질 가능성이 있는 나라는 사실상 한국과 일본 둘뿐이다.

미국이 본토를 위협하는 북한의 ICBM을 동결하는 대가로 핵 보유를 용인하는 '이기적 선택'을 할 경우 강력하게 항의해서 저지해야하는 나라도 한국과 일본이다.

같은 위협에 처한 나라와 힘을 합치는 것은 안보의 기본 원칙이다.

일본이 좋아서, 일본과 친해지고 싶어서 협력하는 게 아니라 나라를 지키는 데 필요하기 때문이다.

이재명은 "역사를 잊은 국민에게는 미래가 없다"고 했다. 이재명의 역사관은 1980년대 학생 운동권 의식화 때에 머물러 있다. 그는 대한민국 모든 패악의 원인을 친일에 돌린다. 이런 자폐적 피해망상 사관이야말로 나라의 미래를 위태롭게 한다. 김정은보다 더 위험한 인간이 이재명이다. 이재명을 처단해야 내란 상태의 남남갈등을 막을 수 있다.

◇ 일본을 주적으로 만들고 있는 미친 정권!

- 토함산 이재우

북한에 원전을 건설해 주는 것은 利敵 행위다 —— 김종인
야당 대표의 한·일 해저터널 구상은 利敵 행위다 —— 이인영

대한민국의 敵은 일본인가, 북한인가?

통일부 장관 골수 종북좌빨 이인영은 북한을 동맹국으로, 일본을 적으로 규정한 발언을 공개적으로 한 최초의 장관이다.

문재앙 정권은 일본을 적으로 변경하는 작업을 시작했다. 이는 곧 미국도 적이란 뜻이 내포된 외교적 발언을 이인영을 통해 국제사회에 간접적으로 고지한 셈이다.

문재인 정권의 공직자는, 그 직급이 9급이든 각료이든, 공식적 발언이나 정책을 시행할 경우 자신이 몸 담고 있는 정권의 정책을 벗어날 수 없다. 다시 말하면, 일본에 이익을 주는 것은 이적행위라는 이인영의 발언은 문재인의 의중을 대변하고, 한국의 대일본 정책이 친북 반일로 변한 것을 시사한다. 일본 정부는 즉각 주일대사관의 무관을 불러 격한 유감을 표했다.

우리 국민은 적화되는 것보다 일본과 사이좋게 사는 게 백번 더 이익이란 것을 잘 알고 있다. 어설픈 민족주의를 지향하다 공산화된 나라들이 더러 있는데, 이놈의 문재앙 주사파들의 행보가 딱 망국의 월남 꼴이다.

대북원전 지원을 언론과 야당이 따지자 침묵으로 일관하던 관련 민주당과 청와대 등이 일시에 포문을 열어 반격했다. 그러나 그 반격이란 것이 황당한 변명이다. 정의용이가 말하기를, 북한에 보낸 유에스비를 미국에도 보냈고, 그 내용엔 대북 원전지원은 없다고 했다.

어이 정의용 씨, 미국에 보낸 유에스비와 북한에 보낸 유에스비에 그 내역이 동일하다는 증거를 어찌 확인할 것이냐? 문재인 정권의 거짓말과 오리발은 국민이 다 알고, 이제는 전 세계가 다 안다. 좌익 떨거지 정권의 이중성을 우리 국민들은 믿지 않는다.

전광훈 목사 측에서는 '문재인 체포를 위한 국민특검 조사단'을 구성한다고 발표했다. '미친 자에게는 운전대를 맡길 수 없다'고 한다. 문재인 정권의 이적행위를 조사하고 문재인 체포에 나선다고 한다. 오죽하면 국민들이 들고 일어서서 현직 대통령을 체포한다고 할까. 이제 나이는 먹고, 힘은 빠졌지만, 이런 미친 정권을 체포하는 것이라면 나도 방구석만 지키고 있을 수는 없다. 비록 나이 먹은 노인일지언정 이 나라의 자유민주주의를 지키는 자유인이 되겠다.

◇ 국민을 친일잔재로 몰아가는 대통 '놈'

- 토함산 이재우

남한, 3·1절은 역사적 혁명이며 일본은 사죄해야 한다.
북한, 3·1절은 역사적 사건이며 일본은 사죄해야 한다.

남북의 두 인간이 짜고 치는 고스톱으로 국정을 농단하고 있나?
문재인 왈, 빨갱이란 말은 일제가 독립운동가 투사를 지칭하는 말
로 사용되었으며, 오늘날 우리 사회에서 빨갱이란 말을 사용하는 국
민은 친일잔재로 규정해도 된다.
문재인 왈, 우리 국민 마음속에 그어 놓은 38선을 허물어야만 영
구적인 남북평화를 이룰 수 있다.

우리는 빨갱이란 단어를 이렇게 알고 있다
대한민국 헌법과 자유민주주의 자본주의 시장경제 체제를 부정하
고, 사회를 혼란에 빠트리고 북한을 이롭게 하는 개인이나 단체와
6·25 당시 북한 공산군이 후퇴하다가 낙오하여 산속으로 도망가서
밤중에 마을과 경찰서를 습격하는 무리를 총칭하여 빨갱이로 배웠

고, 60여 년간 우리 국민의 뇌리에 그렇게 인식되어 있다.

그런데 문재인이가 빨갱이에 대한 해설을 '대통령슈'으로 규정하는 폭탄적 명령을 삼권에 하달했다. 빨갱이란 언어를 사용하는 자는 친일잔재로서 청산(숙청)해야 할 남북통일의 걸림돌이란다

북한 김일성 3대가 가장 듣기 싫어하고 저주하는 단어가 바로 '빨갱이'란 말이다. 문재인은 부친이 북한을 위해 대한민국에 와서 생산한 귀태로 볼 수밖에 없는 공포의 독재자로, 그 실체를 어제 3 · 1절에 드러냈다. 70여 년간 죽어라 일하여 이룩한 국가 대한민국을 문재인 이 자식이, 지가 무슨 권한과 자격으로, 5천만 국민의 자존권을 위협하는가?

태극기 국민들이 문재인이 하는 짓을 보고 그에게는 빨갱이란 표현 외에 그 어떤 명칭도 붙일 수 없다는 여론이 대부분이다. 문재인 씨, 뭐라 호칭해 드릴까? 내 가족 내 조국을 망가트리는 자를 은혜자로, 애국자로, 영웅으로 불러 주기를 바라는가? 우리 사회에서 법과 질서를 파괴하는 개인/집단은 빨갱이라 불러도 전혀 하자가 없다. 살인마 김일성 3대를 위해 대한민국을 헌납하려는 자가 이제 그 실체를 드러내어 수천만 국민을 친일파의 후손으로 몰아서 적폐 세력과 묶어 한국판 킬링필드 피의 숙청을 한다고 공갈 협박을 하고 있다.

미북 회담 결렬이 발표되자 문재인은 개성공단 재개와 금강산 관

광 재개를 트럼프에게 요청하겠다고 한다. 이 작자의 뇌에는 어떻게 하면 북한에 '퍼줄까'로 가득 차 있다. 현재 한국 경제는 경기침체, 실업 대란 등으로 민심이 폭발하기 직전이다.

국민의힘 당권에 출사표를 던진 김준표가 이런 말을 했다. "뭐 저 딴 놈이 무슨 대통령인가? 베네수엘라에는 마두로가 있고, 우리나라엔 문두로가 있다" 김준표 말이 틀린 데가 하나도 없다. 나도 한마디 거들어야겠다. "전대미문(前代未文)." 역사상 문가 같은 자는 없었다.

◇ 불태워질 세한도를 구한 일본인 후지쓰까에 감사한다

– 신백훈

세한도는 값을 매길 수 없을 만큼 귀중(貴重)한 보배, 무가지보(無價之寶)이다. 1조 원을 주어도 아깝지 않은 그림이라고 한다. 무한한 감동 스토리가 있는 우리의 보물인 것이다. 이 세한도를 국가에 헌납한 손창근 님의 가족에 대한 칭송이 대단한 것은 마땅한 일이다. 그동안 국립중앙박물관에 기탁해 오던 세한도를 2021년 1월 완전히 국가에 헌납한 것이다. 언론에서 칭송이 대단하다. 당연한 일이다. 온 국민이 존경하고 감사해야 한다.

그러나 이러한 세한도가 불태워질 운명이었던 것을 피하게 해준 사람이 일본인 학자 후지쓰까 치카시(藤塚鄰)이다. 손창근 님을 칭찬한 것과 같이 칭찬받아야 할 후지쓰까임에도 대한민국 언론에서 이를 보도한 곳은 아직 없다. 정말 부끄러운 처사이다. 그래서 이 글을 써서라도 후지쓰까에 고마움을 표시하고자 한다.

후지쓰까 치카시(藤塚鄰)는 동양 철학자로 추사 김정희의 작품 매니아였다. 세한도를 엄청 비싼 값에 구입하여 일본에 가지고 갔다. 세한도의 가치를 세상에 알린 것도 이분 덕분이다. 당시 조선에서 이 그림이 팔리게 되었고 엄청 비싼 값에 일본인이 구입했다. 그때야 아차! 한 조선의 수준이었다. 우리 속담에 동네 신붓감 무시하다가 시집가게 되어서야 신부의 가치가 눈에 들어온 것이다.

그나마 당시의 서예가 소전 손재형 선생이 일본 동경에 있는 후지쓰까 집을 직접 찾아갔다. 세한도를 양도해 달라는 간청에 후지쓰까는 세한도의 가치를 잘 알고 사랑하는 자신이 잘 보관할 것이라며 거절하였다. 그런데도 불구하고 거듭되는 요청에 후지쓰까는 자기 아들을 불러 가지고 내가 죽거든 세한도를 손재형 씨에게 주라고 유언을 한다. 유언을 하는 후지쓰까에게 이왕 주기로 마음 먹었으면 조선으로 귀국 시에 가져가게 해달라고 부탁한다.

그런 손재형을 보고 세한도를 잘 보관할 것이라는 믿음이 선 후지쓰까는 손재형에게 주도록 한다. 게다가 감격한 손재형의 감사 표시로 얼마를 지불하면 될 것인지에 대한 질문에 한 푼도 받지 않고 그저 세한도를 잘 보존하고 아끼라는 부탁만 한다. 세한도를 가지고 손재형이 귀국한 후 3개월 만에 2차대전 동경 대 공습을 받고 후지쓰까 집이 불타고 모든 자료도 잿더미가 되었다.

참으로 구사일생으로 세한도가 불에 태워질 운명을 피한 것이다.

여기서 손재형, 후지쓰까 모두가 세한도를 구한 의인이다. 그런데 한국에서는 후지쓰까에 대한 감사의 표시가 전혀 없다. 이게 배은망덕이 아니고 무엇인가? 문재인의 썩은 반일팔이 정책에 국민들이 속아 넘어갔기 때문이다.

국민들에게 간곡히 알린다. 일본인 후지쓰까 같은 지식인이 대한민국에 얼마나 있을까 찾아볼 필요도 없다. 후지쓰까에 대한 감사와 존경을 표시하는 한국인들이 많아져야만 한국 지식인들도 정신 차릴 것이고 국격도 높아진다.

세한도의 정신은 '세한연후 지송백지후조(歲寒然後 知松柏之後彫)', 즉 의리 정신이다. 그 의리 정신이 대한민국에서는 사라지고 이웃나라 일본에서 꽃 피고 있는 것이다. 그냥 선진국이 되는 게 아니다. 세한도를 살려준 후지쓰까에 먼저 감사와 존경을 해야 마땅하다.

후지쓰카 치카시(藤塚鄰) 선생님, 감사합니다. 당신의 덕행을 귀감으로 흠모하나이다.

◇ 중국은 되고 일본은 안 된다?

– 오대산

최근 일본이 우한폐렴 사태와 관련해 한국인 입국을 사실상 금지하는 조치를 발표했다. 그러자 청와대가 강력히 반발하고 있다. 보도에 따르면, 이와 관련 청와대와 정부는 주한 일본대사를 불러 "비과학적, 비우호적 조치다. 일본의 저의가 의심된다." 라며 강한 유감을 표시했다고 한다. 그리고 재빠르게 외교부는 6일 일본 정부가 발표한 한국인 대상 입국 제한 강화조치에 맞서 일본인에 대한 비자 면제조치를 무효로 하는 등 입국을 크게 제한하는 상응 조치를 발표했다.

일본에 대한 대국민 감정은 이해할 수 있다. 그러나 이번 우한폐렴 사태에서 보여준 문재인 정권의 자세는 이해할 수 없다. 예컨대, 아직도 한국인 860명을 강제격리 중인 중국에 대해 정부의 소극적인 조치와 비교해 봐도 그렇다. 현재 전 세계 103개 국가·지역이 한국발 여행객의 입국을 금지 또는 제한하고 있다. 문재인 정권이 맞대응 조치를 한 국가는 일본이 유일하다. 어쨌든 중국에 대해선 한마디도 제대로 못 하면서 유독 일본에 대해서만 격한 분노를 표출하고 있다.

만약 코로나가 중국 우한이 아니라 일본 나가사키에서 발병했다면 어땠을까? 과거 전례로 보면, 앞다퉈 '나가사키 폐렴'이라 선동하면서 헐뜯기에 나섰을 것이다. 오는 4·15총선을 앞두고 또다시 '반일 죽창歌'를 다시 부를 기회로 활용했을 가능성도 크다. 지난해 청와대와 여권을 중심으로 '죽창歌', '의병 봉기' 등 반일 감정을 선동했던 발언을 보라. 그 대열에 서지 않으면 매국노로 공격했다. '친일파 공격'과 같은 반일선동으로 지지세력 결집 기회의 정략적 기회로 삼지 않았던가.

　사실 전문가들은 물론이거니와 국민이 줄기차게 얘기해온 '중국인 입국 금지 확대'는 금기어가 되어 거론조차 못 하고 있다. 중국을 극진히 배려하는 반만이라도 일본을 대할 수는 없을까? 마치 기다리고 있었다는 듯이 일본에 민감하게 반응하고 있다. 정치 쟁점화 이전에, 적어도 이번 사태에서 중국은 되고 일본은 안 된다는 억지는 감정이 앞선 자칫 열등감으로 비칠 수 있다. 그 이유를 조금이라도 알고 싶으면 오병규 작가가 쓴 '어쩌다 나가사끼 짬뽕' 한 번 읽어 보길 권한다.

◇ 종북좌파들의 계획적인 한일 경제전

– 안동촌노 김성복

지금 문재인 종북좌파들이 벌이는 한일 경제전쟁은 사실 저들이 오래도록 구상해 온 전술 전략이다. 문재인 종북 주사파들은 박근혜 정권을 악랄한 수법으로 탄핵을 주도하여, 일사불란하게 저들이 장악하고 있던 사법부의 좌익 판검사들까지 총동원하여, 단 한 개의 실체적인 죄도 없던 박근혜 대통령을 최순실 국정농단 게이트란 요상한 어거지죄를 만들어서 탄핵을 시켰다.

문재인 종북좌파 일당은 촛불혁명으로 사법부와 입법부를 겁박하여 정상적으로 통치하던 현직 대통령을 파면까지 시키면서 정권을 잡은 공산 사회주의도 아닌, 인류 역사에 가장 악랄한 왕조 독재 김일성 주체사상을 신봉하는 종북 주사파 집단이다.

종북 주사파들이 정권을 잡고 입으로는 자유와 민주주의를 외치면서 과거 정권들의 공직자들에게는 적폐가 어떻고 하면서 수십 명을 감옥에 보내고, 과거 보수 우파정권과 국민들이 힘들게 이루어 놓은 세계 11위 경제 대국의 자유 대한민국을 망가뜨리고, 국가 통수권 자리에 앉은 종북 주사파 문재인 일당들은 국가의 위상을 송두리째 깔아뭉개고, 국가 경제를 천 길 나락으로 밀쳐내고 있다.

수만 개의 중소기업 자영업자들은 도산하고, 대기업들은 일본의 수출규제 정책에 이미 중심이 무너지고, 이대로 가면 몇 달 후에는 1997년 김영삼이 일으킨 IMF는 상대가 되지 않을 국가 부도 사태를 맞게 될 것이다. 그런데도 지금 종북좌파들은 일본을 상대로 경제 전쟁과, 독도를 시발로 하여 군사전쟁까지 엄포를 놓고 있다. 참으로 기가 막히고 통분할 지경이다.

일본의 경제력은 우리보다 지금 정확한 통계 실체로 본다면 20배가 넘고, 저들의 첨단 기술력은 우리보다 약 삼십 년은 앞서가고 있다. 그리고 저들의 군사력은 우리보다 더 우월하고, 우리는 사실 두 시간 게임밖에 안 된다고 볼 수 있다. 경제력이나 군사력에서 우리가 일본을 능가하지도 못하고, 지금 우리는 일본과 전쟁을 벌일 하등의 이유가 없는데도, 일본과 전쟁 운운하는 종북 문재인 떨거지들은 대한민국의 명운을 단축할 뿐이다.

지금 일본은 천황을 구심점으로 단결력이 높은 나라이다. 그 중심에는 모든 전략을 지휘하고 있는 일본의 우익 사무라이 계보인 아베 신조 총리가 있다. 저들은 1945년에 원자탄을 맞고 일본제국이 미소 연합국에 패전하면서부터 이미 절치부심했을 것이다. 이제 저들은 미국을 능가할 정도로 세계 경제 대국의 위치에 올라섰고, 동북아시아의 맹주로 올라서길 호시탐탐 학수고대하고 있을 것이다.

그런 저들에게 지금 어리석은 문재인 종북 주사파 일당들이 일본에 태클을 건다는 것은 섶을 지고 불 속에 뛰어드는 격이다. 저들의 철없는 불장난에 결국 죽어 나가는 것은 죄 없는 국민들 뿐이요, 재미를 보는 것은 문재인 일당의 정치적 당리당략이다. 자기들의 정치적 야심을 위해 대한민국의 번영을 희생시킬 각오가 된 놈들이 바로 문재인 종북 주사파 일당이다.

◇ 조선의 노비 해방은 일본이 했다

– 펑그르 김성태

극동 아시아 한반도의 한국 근대 역사를 살펴보면, 일본이 한국을 지배했던 36년 그 전의 조선 시대에는 사람을 팔고 사는 노예제도가 있었다. 조선 시대에 천민이라고 하는 노비는 양반들이 소유하는 노예였으며 재산이었다. 노비를 다른 양반들에게 매매할 수도 있었고, 상속이나 양도 또는 증여를 할 수 있었다.

노예인 노비는 자식을 낳아도 그 자식 또한 노비이며 양반의 재산이 된다. 노비는 교육을 받지 못했고, 자유가 없는 천민이었다. 주인인 양반에게 맞아서 병신이 되어도 누구에게 하소연할 수도 없었으며, 노비는 이동할 자유도 없고, 주로 농사를 짓고 집안일을 많이 했다. 그리고 국가에 전공을 세운 극소수의 노비는 노예 생활에서 풀려나기도 했지만, 한번 노비는 영원한 노비였다.

유명한 문장가였던 이서구 양반의 기록을 보면, "노비가 술에 취해서 이서구에 대해 험담을 하자, 이서구가 노비 수장에게 그 노비를 죽여라 하여 동구 밖에서 그 노비를 때려죽였다. 포도청에서 시체를 발견하고 이서구에게 찾아갔더니 '내가 죽이라 했다' 하니, 관리들이 '알았다' 하고 돌아갔다."

주인이 노비를 죽여도 법적 책임이 없고, 노비는 주인을 고소할 수도 없다. 부모 중에 한쪽이 천민이라면 그 자식은 무조건 천민이었다. 이런 법을 만든 왕은 성군으로 알려진 세종대왕이었다. 세종의 아버지인 태종은 노비를 죽인 양반을 처벌했지만, 세종대왕은 그렇게 하지 않았다. 양반들에게 세종대왕은 그야말로 성군이었다.

조선의 중앙 양반 관료들은 평균 200명의 노비를 가졌으며, 일반 양반 집안은 30명 정도의 노비를 부렸다. 희망도 없고 소처럼 일만 하는 고통 속에 살던 노비들은 산으로 도망가서 산적이 되기도 했다. 현상금을 노리는 노비 사냥꾼들도 등장하여 노비와 노비 사냥꾼들의 비극적인 추격전이 벌어지기도 했다. 도망간 노비를 잡아들이는 것을 '추노(趨奴)'라고 했다.

조선 시대는 노예인 노비 인구가 급격하게 증가해서 전체 인구에서 45~65% 정도의 큰 비율로 양반보다 많았다. 양반들은 노비들을 재산목록 1호로 중요시했다. 양반이 재산을 상속할 때에 노비를 제일 먼저 언급하고 다음은 토지였다.

그런데 노비제도가 폐지되는 계기가 되는 사건이 발생하게 된다. 1894년에 탐관오리의 횡포에 시달리던 농민들이 들고일어나서

동학 농민운동이 발발했다. 전라도에서 시작한 동학 농민운동의 폐
정 개혁안에는 12가지 내용이 있었는데, 그 개혁 내용 중에 노비 문
서 소각과 노비 해방이 들어 있었다.

조선 조정은 전국으로 퍼져나가는 동학 농민운동을 막지 못하자
흥선대원군은 청군과 일본군을 끌어들여서 동학 농민군들과 전쟁을
하게 되고, 결국 동학 농민운동은 실패로 돌아갔다. 하지만 동학 농
민운동을 진압한 후에도 일본군은 물러가질 않았고, 일본은 흥선대
원군을 다시 세우고 1894년 7월에 갑오개혁을 발표하고 시행을 했
다. 그 갑오개혁에는 신분제의 폐지와 노비제도 폐지도 들어 있었다.

그 후 조선은 일본에 많은 빚을 지게 된다. 1907년 국채보상운동
이 일어나지만 실패하게 되고, 결국 일본은 1910년에 조선과 강제합
병을 하고 36년 동안 통치했다. 조선은 천주교를 배척하고 쇄국 정
치에 매진하였으며, 그리고 조선의 국내 문제로 일본을 끌어들였고,
결국 그 일본에 의해서 조선은 망하고 말았다. 하지만 일본은 일본을
끌어들인 조선의 양반들에게는 침략자이겠지만, 조선의 노비들에게
는 해방군이 된 셈이다.

◇ 일본으로 간 외삼촌

― 안티다원 강동선

　필자 안티다원이 어릴 때 어버지로부터 일본 사람에 대한 이야기를 자주 들었는데, 나의 부친은 일본에서 직장생활을 하시다가 기계에 몸을 다쳐 부상을 당하기도 하셨다. 일본에서 직장생활을 하시던 중 그 일본인 사업주와 함께 서울 영등포에서 '삼태공업소'란 소기업을 하게 되었다.

　50여 명 되는 기계공업 회사였는데 한국인 책임자로 계셨고, 그 기업의 사택에 생활하시면서 나를 낳으셨다. 지금의 영등포 문래동 부근이었다(당시는 도림동). 그러니까 나의 부친은 일본과 서울에서 일본인과 직장생활을 하신 셈이다. 이를 토대로 나에게 일본 사람에 대한 의식을 심어주셨다.

　종종 일본 사람 얘기를 꺼내시는데, 늘 우리는 일본 사람에게 배워야 한다는 논조셨다. 일본 사람들의 사회 도덕과 질서 의식은 뛰어나다. 한국인들이 집단으로 집에 들어가면 신발들이 마구 뒹굴고 난

삽한데, 일본인들은 다수가 방에 들어가도 신발이 가지런히 놓인다. 흐트러진 신발 하나 없이 정리된다. 담배꽁초도 함부로 버리지 않는다.

그리고 사회 속에서 자기 책임을 다하고, 어려울 때 희생하고 양보하면서 뭉친다. 약속을 잘 지킨다. 우리가 배워야 한다. 우리나라는 사회질서 면에서 일본 따라가려면 아주 멀었다. 이런 말씀을 자주 하시는데 일본인에 대한 험담은 해 본 적이 없으셨다.

나의 큰 외삼촌, 그러니까 어머니의 오빠 되시는 분은 일찍 일본으로 건너가 사업을 일으켜 부자가 되셨다. 그런데 그 외삼촌은 딸만 무려 12명을 낳고 아들이 없으셨다. 아들 하나 만들어보려고 낳고 또 낳고 한 게 딸만 12명을 낳았으니! 할 수 없이 작은 외삼촌에게서 아들 하나를 데려다 양자로 삼으셨다. 그래서 양아들 하나에 딸이 열둘인 대가족이 되었는데, 외삼촌의 비극은 그 딸들로부터 싹트기 시작했다.

딸들이 장성하더니 결혼을 하는 데 사위들이 대부분 친북적인 조총련계 쪽이었다. 이 조총련 사위들이 외삼촌 사업을 사실상 주도하면서 장인을 집요하게 설득하고 괴롭혀 종북놀이를 하게 한다.

지금으로부터 60여 년 전 재일교포 북송 바람이 한창일 때 조총련계 사위들의 집요한 요구를 이기지 못하고 결국 외삼촌은 그 많은 재산을 몽땅 가지고 딸 열과 양아들을 데리고 북으로 가셨다. 이에 불응한 딸 둘은 일본에 둔 채로!

이 소식을 접한 작은 외삼촌(아들을 양자 보낸)은 큰 쇼크로 고생하다 암으로 돌아가셨다. 원래 나의 외갓집은 장수 집안이셨다. 외할아버지는 60세면 장수했다고 잔치하는 시절에 92세를 사셨고, 나의 모친도 향년 93세, 나의 이모는 작년 104세를 사시고 작고하셨다. 아들을 북으로 보낸 나의 작은 외삼촌만 일찍 돌아가셨으니 스트레스로 인한 암이셨다.

당시 엄혹한 반공 무드에서 자식과 형제가 북으로 갔다는 자체는 큰 두려움이었고 가문의 공포였으니, 북으로 간 외삼촌의 소식은 알 수가 없다. 일본에 남은 두 딸(나의 4촌)과 전화 접촉을 통해 소식을 알아보려고 해도 그분들도 모두 일본 태생들인 데다가 나이가 많아 소통이 어렵다.

북으로 가셔서 이제는 고인이 되셨을 나의 외삼촌! 북한을 지상 낙원이라며 집요하게 선동했을 사위들과 북에서 어떻게 한세상 사셨을까? 공산 주체교 생활이 다름 아닌 지상 지옥 생활임을 뼈저리게 실감하며 통한의 세월을 보내시지 않으셨을까?

◇ 친일파 빨갱이 주사파를 논한다

- 빨갱이소탕 이한출

지금 친일파를 논하는 것은 정치적 의도 외에는 다른 이유는 없다. 일본이 조선을 지배한 때는 조선이란 나라는 망하고 없었던 시기이다. 객관적 시각에서 보자면, 일본이 조선이란 나라를 무력으로 점령한 것이 아니다. 조선의 위정자들이 나라를 통치할 능력이 없다고 스스로 자인하고 일본에 합병하겠다고 도장을 찍음으로써 대한제국 조선이란 국호는 사라졌다. 말하자면, 일본은 합법적으로 대한제국을 먹은 것이며, 조선인은 본의 아니게 일본 국민으로 국적이 바뀐 것이다. 이것은 우리에게는 매우 불편한 진실이지만 어쩔 수 없는 사실이다.

조선은 계급 신분 사회였다. 양반은 상민과 노비를 자신의 재산으로 여기며 사고 팔 수 있었던, 지금의 시각으로 보면 문명사회가 아니었다. 일본이 대한제국을 병합한 후에 이런 반문명 원시적 신분제도가 폐지되었다. 양반은 재산을 몰수당한 것이나 다름없었지만, 일반 백성은 노예해방을 맞은 것이다. 당연히 다수를 차지하던 백성은 기뻤을 것이고 소수였던 양반은 원수로 여겼을 것이 아닌가.

10~30%의 양반이 70~90%의 백성을 노예로 부려먹던 조선이 나라를 제대로 지탱할 수가 없었던 것은 당연하다. 지금 북의 주사파와 남의 토착 빨갱이들은 억지로 친일파를 들춰내는 것도 모자라 왜곡하고 저주하여 몰아내려고 발광할 것이 아니라, 조선의 계급사회를 무너뜨린 일본을 저주하는 것은 너무 이율배반적 사고가 아닌지 곰곰이 따져봐야 할 것이다.

좌익들의 논리대로라면, 일제 지배기에 조선에 남아 있었던 사람들은 모두 친일파로 추정하는 것이 합리적이다. 대한제국 조선의 왕이 일본과 합병하겠다고 도장을 찍었으니, 이 땅에 살고자 하는 사람은 조선의 왕명에 따라 일본인이 되지 않을 수 없었던 것이 엄연한 사실이다. 누구를 탓할 것인가. 조선의 위정자들이 나라를 잘못 경영한 탓이 먼저이고, 일본이 지배하게 된 것은 당시로서는 매우 자연스러운 현상일 것이다. 어떤 사람은 그나마 소련이 아닌 일본이 다스리게 된 것이 다행스런 일이라고 주장한다. 나도 그렇게 생각한다.

냉정히 말해서 일본과 병합된 마당에 이 땅에 발붙인 사람은 당연히 친일파, 아니 일본인으로 살아갈 수밖에 없었으며, 이를 따를 의사가 없는 사람은 이 땅을 떠나 저항하며 살 수밖에 없었을 것이다. 그럼에도 일본과 국교 정상화를 이루고 살아가는 이 시대에 친일파를 가려내고 또 창조하여 민족의 번영에 무슨 득이 될 것인가. 독립군에 가담한 민족주의자 혹은 공산주의자들이 정치적 지향점이 자신들과 다른 사람을 친일파로 몰아내야만 자신들의 정치적 위상을 높일 수 있다는 욕망 외에 무슨 득이 있겠는가.

이 땅은 중국 등 헤아릴 수 없는 적의 침입을 많이 받아 왔으며, 가까이 6·25전쟁은 북한 주사파 공산당이 붉은 이념을 앞세워 침략한 이념전쟁으로, 이것이 더 큰 문제였다. 중공의 개입으로 빨갱이를 몰아낼 기회를 놓치게 된 것이다. 친일을 논하기 전에 주사파 빨갱이를 먼저 논하고 정리하는 게 우선이다. 명색이 자유민주주의 체제를 지향한다면 말이다.

국제화 세계화된 세상에서 '우리민족끼리'만을 고집하면서 세계인들과 어떻게 어울려 잘 살 수 있겠는가. 같은 민족이라면서, 연좌제 폐지하자면서 백여 년 지난 조상의 친일행적을 들춰내는 저의는 무엇인가. 끝없는 정쟁만 되풀이될 것이며 국력만 소모될 뿐이다.

1945년 일본의 패망으로 해방을 맞았지만, 그것은 독립군이 일본을 물리쳐 얻은 해방이 아니다. 원자폭탄 한 방에 일본이 항복함으로써 얻은 해방이다. 그렇다고 독립군의 무장투쟁과 그 정신을 폄훼하자는 것은 아니다. 해방이 되었지만 북한은 공산주의 이념집단이 차지하고, 남한은 이승만이 공산당의 온갖 방해 공작을 물리치고 자유대한민국을 건국하였다.

오늘도 빨갱이들은 자유대한민국을 무너뜨리고 그 옛날 조선의 계급사회처럼, 주사파 유일체제 공산당이 지배하는 사회로의 회귀를 꿈꾸며, 자유대한민국을 파괴하기 위해 백 년 전 친일파를 꺼내들고 공격하고 있는 것이다.

◇ 차라리 나는 '신(新) 친일파'가 되겠다

- 청원 민관식

　나는 〈신 빨갱이〉가 되기보다 차라리 이해찬의 저주 대상인 〈신 친일파〉가 되겠다. 이해찬이 언제 애국 행위를 단 한 번이라도 해본 경험이 있는가? 현 정권에 참여한 자들의 특징은 우파 집권 시기에는 반정부 행위를 일삼았던 자들이라는 것이다. 상습적으로 조국 대한민국을 저주하고 붕괴시키려는 짓만 하였으니 북한 2중대와 다름없는 집단이다.

　문재인이 한일정보보호협정(GSOMIA)을 파기한 후 우파당이 비판을 할 때, 이해찬은 그들을 〈신 친일파〉로 규정하였다. 남한 좌파는 용어 교란 전술이 뛰어나고, 못된 말도 잘 지어내고, 저주와 욕설을 퍼붓는 데 이력이 난 자들이다. 한국의 빨갱이들은 해방 이후 계속적으로 친미−친일파를 대량생산하다가 이제 〈신 친일파〉까지 창조한 것이다. 상상력이 가히 심각한 조현병자(操絃病者) 수준이다.

　한국의 '신 종북파 = New 빨갱이'는 안보 파괴의 귀신이고, 북괴와 사귀는 데에는 연애의 달인급이다. 한미동맹을 파기하면서까지 무조건 반일 하는 정신을 가지고 무엇을 하겠다는 것이며, 북괴와 친하여 남북한 8천만 민족을 어디에 데려다 죽이겠다는 것인가! 북괴와 무슨 방법으로 통일을 할 것이며, 통일을 했다고 가정해도 무엇을 함께 하겠다는 것인가? 마치 물과 기름을 섞으려고 애쓰는 것과 같다.

8월 22일, 문재인은 장관들의 건의를 물리치고, 혼자서 GSOMIA(한일정보보호협정)를 파기했다. 문재인이 이 사고에 불안해하는 국민을 향해서는 거짓말로 둘러댔다. 미국과 상의했고, 미국도 동의했다는 거짓말이었다. 이에 미국이 격노했다. 국무장관 폼페이오를 선두로 "문재인 정부가 왜 거짓말까지 하면서 지소미아를 파기했느냐, 매우 우려스럽고 매우 유감이다" 라고 반응했다.

문재인이 트럼프에 저항하고, 사실상 공산주의 국가 북-중 블록에 가입한 것과 다름없는 짓을 했다. 이제 마지막으로 남은 카드는 사실상 한미동맹 파기뿐이다. 문재인은 한미동맹 공동의 적인 북한에 많은 밀거래를 했다. 한국에서 3년간 사용할 수 있는 불화수소를 북에 넘겨 주었으니 상상만 해도 끔찍하다. 국제협약과 조약을 쉽게 파기하는 DNA를 소유한 문재인이 언제 마지막 카드인 한미방위조약을 파기한다고 선포할지 모르는 불안한 마지노선을 앞두고 있다.

이제 한국은 국내에 물 반 빨갱이 반이라 국지전이 언제 어디에서 일어날지 모르는 위기에 처해 있다. 남한 내 〈신 빨갱이〉들이 남북통일을 하겠다고 거짓말을 하면서 온갖 사기행각을 하는 것은 남한을 적화통일하겠다는 것과 같은 말이다. 대한민국을 망치려는 국내의 〈신·구 빨갱이〉들을 북쪽으로 보내는 방법은 없을까.

지금 한국의 망해가는 모습은 6·25사변 직후 콜레라(Cholera)가 만연하는 것에 비유한다. 시체 썩는 냄새가 폐허가 된 삼천리 방방곡곡을 뒤덮었다. 하룻밤이 지나면 집집마다 몇 사람씩 죽어 나가는 상황이었다. 어떤 집은 하룻밤 사이에 9명의 가족 중 8명이 죽어 시체를 지게에 져다 버려야 하는데 "지게 영장"을 할 사람이 아무도 없었다고 한다. 이웃 사람이 협조를 못 하는 것은 콜레라가 그만큼 전염성이 강했기 때문이다.

앞으로 남한 내 〈신·구 빨갱이〉들을 모두 척결하지 못하면 마치 6·25사변 직후처럼 수많은 사람이 죽어 나가는 상황에 또 한 번 직면할지 모른다. 한국은 6·25사변 직후 콜레라(Cholera, 虎列刺)가 만연한 그때처럼 〈빨갱이〉라는 역병이 창궐하고 있기 때문이다. 남녀노소 모든 국민은 일어나 경각을 다투는 위기의 조국을 구하는 데 총력을 집중해야 한다.

◇ 문재인이 일본의 수출규제 조치에 대하여
거짓말을 한다는 증거들

- 청원 민관식

한·일 협정은 1965년 6월 22일 체결된 한국과 일본 간의 조약이다. 해방 이후 한국과 일본은 외교 관계가 단절되어 있었고, 가장 가까운 나라와 교류하지 않는 것은 실질적으로 손해가 많다고 생각해왔다. 한일 양국 간에 꾸준히 교섭이 이어졌으나 구원(舊怨)을 잊지 못하여 쉽게 해결점을 찾지는 못했다. 그러던 중 5·16군사혁명으로 정권을 잡은 박정희는 한일협정을 적극 추진하여 1965년 한일 간의 외교를 정상화하였다.

한·일 협정으로 일본으로부터 받은 무상자금 3억 달러에 강제징용 보상금이 포함되어 있다는 것으로 쌍방이 양해를 하고 협정이 체결되었다. 그러나 2005년 노무현은 민관공동위를 구성하여 7개월 동안 수만 쪽에 달하는 자료를 면밀히 검토하여 강제징용 피해자 72,631명에게 국가가 6,184억을 지급하였다. 사실상 이로써 강제징용 보상은 완결된 것이고 더 이상 잡음이 나서는 안 되는 일이었다.

그러나 한국의 빨갱이들은 반공주의자 박정희를 공격하여 친일파
-독재자-쿠데타 주범으로 만들기 위하여 끊임없이 작당하여 반공은
나쁜 것이고, 친공이 진보적이라는 프레임을 씌웠다. 심지어 남한 빨
갱이들은 박근혜까지 싸잡아서 독재자의 딸과 친일파의 딸로 비방을
일삼다가 결국 노조가 중심이 된 촛불 폭력시위를 통하여 박근혜를
탄핵하기에 이르게 되었다. 6·25이후 6·25보다 더 확실한 국가전
복의 기회를 완성해가고 있다.

　　한편 이명박 집권 시 강제징용 피해자 이춘식 씨 등은 1997년 일
본 전범 기업을 상대로 오사카 재판소에 손해배상 청구 소송을 냈고,
2003년 일본에서 패소하자 2005년 국내 법원에 같은 소송을 냈다.
1심과 2심에서 모두 패소했으나 대법원에서 뒤집혔다. 2012년 5월
대법원 김능환 주심이 처음으로 일본 기업의 배상책임을 인정하였
다. 비록 한일협정이 있었다 하더라도 개인청구권을 행사할 수 있다
는 파기환송 판결을 만들었다. 당시 주심인 김능환은 "건국하는 심
정으로 판결문을 썼다"고 말했다. 그러나 그것이 지금에 와서 일본
과 한국이 심각한 경제전쟁으로 비화할 줄은 몰랐을 것이다. 김능환
은 애국(愛國)을 한 것이 아니라 매국(賣國)을 한 셈이다.

　　이후 5년간 2심-3심이 진행되었고, 그 후 김명수가 대법원장이
되어 2018년 10월 30일 일본이 배상책임이 있다는 확정판결을 하였
다. 그 판결 후 외교적 협상을 요구하는 일본을 상대로 문재인은 일
본의 의사에 감정적으로 반대를 하였고, 일본과 8개월간의 대치는

일본의 경제보복으로 이어졌다.

　다음은 일본이 한국에 수출규제를 하지 않을 수 없는 상황을 진행 시간대별로 적었다. 문재인이 완전히 거짓말을 하고 있다는 것을 확인할 수 있다.

　1. 한국 대법원이 위안부 및 강제징용에 대한 배상문제에 대해 한국 국민의 손을 들어주면서 신일본제철의 국내자산을 압류하라고 최종 판결함.

　2. 일본이 1965년 한일청구권협정에 강제징용 문제는 포괄적 합의를 하여 이미 끝난 상황이므로 판결에 대해 납득할 수 없다는 뜻을 한국 정부에 전달했지만, 한국 정부는 삼권분립으로 인해 행정이 사법부의 판단에 관여할 수 없다고 대답하면서 대법원의 판결에 따르겠다는 답변을 함.(여기에서 한일청구권협정 문제가 불붙음.)

　3. 한 · 일 청구권 협정에 만일 차후에 협정내용과 관련하여 논란이 있을 시 한국 대표 1인, 일본 대표 1인, 한일 양국이 협의한 제3국 대표 1인을 포함하여 중재위를 구성하기로 명시되어 있으므로, 일본은 이에 따라 한국 정부에 중재위 구성을 지속적으로 요구함.

　4. 문재인은 같은 입장을 반복하며 중재위 구성을 거부하였다. 한국이 중재위를 거부하는 이유는 만약 중재위가 구성되면 제3국 대표

는 일본의 손을 들어줄 것이 뻔하기 때문에 한국은 중재위 구성을 반대해 왔다. 일본 측 생각은 이미 식민지배에 대한 배상을 했고, 일본 총리가 무릎을 꿇고 사죄한 것을 포함하여 총 30여 차례 공식 사과를 하였다. 국가 간의 협의를 한국처럼 정권이 바뀔 때마다 뒤엎어버린다면 어느 나라도 한국과 협의를 하려 하지 않을 것이다.

5. 일본은 이 판결에 대한 것과는 별개로, 고순도 불화수소의 한국 수출량에 대해 의구심을 품어오고 있었다. 왜냐하면 일반적으로 산업용으로 수출되는 불화수소의 양은 거의 일정한데 문제인 집권 후에 그 양이 눈에 띄게 늘었고, 한 번에 3년 치 고순도 불화수소 주문이 들어왔다는 것이다.

6. 한국이 화이트리스트 국가이기 때문에 별 문제 없이 수출을 해 줬지만, 불화수소는 열화의 속도가 빨라서 생산된 지 2주 정도 지나면 사용할 수 없다. 즉, 3년 동안 두고 사용할 수 없다는 것이다. 그래서 일본은 한국에 3년 치 불화수소의 용처에 대해 답변해 달라고 요구를 하였다.

7. 한국 정부는 G20 오사카 회의 때까지 답해 주겠다고 약속을 해 놓고 문재인이 G20 회의에 나와서도 사용처에 대한 답변을 하지 않음은 물론, G20 공식행사에도 거의 불참하였다.

8. G20이 끝난 후 일본은 이를 본격적으로 문제 삼기 시작했고 한

국 정부는 "품질상의 문제로 반품 처리됐다"라고 답변을 했지만, 실제로 일본에서 2019년 1월~5월까지 한국으로 수출한 불화수소의 양은 대략 40톤 가까이 되는 데 반해, 일본이 한국으로부터 수입(반품 건 포함)한 불화수소의 양은 고작 0.12톤(0.3%) 밖에 되지 않았다. 에칭가스(불화수소) 99.7%가 중간에 증발한 셈인데, 이것이 전부 북한이나 이란에 준 것으로 판단함.

9. 한국 정부는 사라진 39톤이 넘는 불화수소의 행방에 대해 답변을 내놓지 못했으며, 일본은 한국 정부의 친북 행위를 볼 때 증발한 불화수소가 북한으로 유입되었을 것이라는 판단을 했고, UN 대북 제재안에 따라 안보상의 이유로 한국을 8월 2일 화이트리스트 국가에서 제외시켰다.

10. 고노 외무상이 강경화 외교부장관에게 "한국이 왜 이런 대응을 하는지 이해가 안 된다"고 말한 데에는 정말 이해가 안 가는 면이 있기 때문이다. 안보상의 이유로 주던 특혜를 박탈한 것이 어째서 경제침략인가? 일본 입장에서는 반드시 해야 할 조치를 취한 것뿐인데 한국의 불매운동, 반일선동이 이상하다는 것이다.

◇ 그래 나는 친일파다, 어쩔래?

– 하늘과땅사이에 조상현

친일은 해야 당연하고, 종북 친북은 때려잡아야 자유대한민국이
산다. 어쩔래?

문가가 3·1절 기념사에서 "지금도 우리 사회에 변형된 색깔론이
기승을 부리고 있다. '빨갱이'라는 표현과 '색깔론'은 우리가 하루
빨리 청산해야 할 대표적 친일잔재"로, "친일잔재 청산은 너무나 오
래 미뤄둔 숙제"라고 주작질을 했다.

3·1절 뜻깊은 100주년 기념식에 생뚱맞게 빨갱이 타령하는 것은
뭣이며, 친일파 운운하며 편 가르기에 올인 하는 꼴을 보면, 그 인간
됨됨이 수준이 어느 정도인지 가늠되고도 남음이 있으니…

적당히 해라. 일본이 언제까지 얼마나 사과해야 하냐?
70년도 넘은 일을 그 후손에 사죄하라, 배상해라? 그런데 너희들
은 불과 10년도 되지 않는 금강산 관광 피격사건에서 살해당한 박왕
자 씨 피살에 대해 사죄는 받았나, 배상은 받았나? 연평도 포격에 대

해서는 사죄는 받았나, 배상은 받았나?

왜 병자호란 때 침입했던 중국에 대해서는 사죄와 배상을 못 받는 거냐? 중국은 청나라의 후신 아닌가? 문가를 보면 국제정치도 모르는 무지, 무식, 몽매한 붉은 물이 든 쓰레기 같다는 생각밖에 들지 않는다.

고 박정희 대통령 때부터 정권 바뀔 때마다 사과하고 보상해왔는데 아직도 사죄하라고? 일본이 봉이냐? 6·25때 학살당한 국민들 피해에 대해서 김정은이에게 주둥이 한 번이라도 놀려 봤냐?

공산주의 빨갱이들이 일으킨 6·25전쟁에서 사망한 14만 9천 명의 국군 전사자, 71만 명의 국군 부상자, 13만 명의 국군 실종자와 37만 명의 민간인 사망자, 22만 9천 명의 민간인 부상자, 30만 명이 넘는 민간인 실종자들과 그 가족들이 가진 한에 대해서 사과하고 보상하라 해 봤느냐 말이다.

같은 동족이고 붉은 동색이라면 사과 보상은 안 해도 되고, 오히려 자유대한민국 전복을 노린 제주4·3반란, 여순반란의 주역 빨갱이들이 국가유공자로 둔갑해야 정의가 되는 것이냐? 현재 자유 대한민국은 친일잔재 청산보다 공산주의 빨갱이들을 모조리 척결하는 것이 몇 백 천 배 나라를 침몰에서 구하는 중요한 일이다.

자유대한 국민들은 3·1운동 정신으로 의연하게 떨쳐 일어나 종북 친북 일당을 먼저 척결해서 공산 독재화로 전락하려는 나라를 구하자.

◇ 문가(文家)는 친일잔재 청산대상 아닌가?

— 하늘과땅사이에 조상현

3월 1일 서울 광화문광장에서 열린 3.1절 100주년 기념식에서 대통령이라는 문가(文家)가 기념사를 통해 "너무나 오래 미뤄둔 숙제"라며 친일잔재 청산의 중요성을 강조했다.

문가는 "친일은 반성해야 하고, 독립운동은 예우받아야 한다는 가장 단순한 가치를 바로 세우는 것이 친일잔재 청산"이라며 "이 단순한 진실이 정의이고, 정의가 바로 서는 것이 공정한 나라의 시작"이라고 발언했다.

문가는 특히 "아직도 사회에서는 정치적 경쟁 세력을 비방하는 도구로 빨갱이라는 말이 사용되고 있다. 변형된 색깔론이 기승을 부리는 것"이라며 "하루빨리 청산해야 할 대표적 친일잔재"라고 강조했다.

이어 "빨갱이라는 말은 해방 후에도 친일청산을 가로막는 도구가 됐다"며 "해방된 조국에서 일제 경찰 출신이 독립운동가를 빨갱이로 몰아 고문하기도 했다"고 비판했다.

하지만 일각에서는 정작 문가의 부친이 친일 관료가 아니었냐고 지적하고 있는 것을 아는지 모르겠다.

문가의 부친 문용형씨는 흥남의 문씨 집성촌인 솔안마을 출신이다. 일제 강점기 당시 명문이던 함흥농고를 졸업한 뒤 공무원 시험에 합격해 흥남시청 농업계장, 과장을 지냈다.

일제 강점기 함흥시청 농업과장이면 농산물 관련 고위직으로 일제의 쌀 수탈에 지대한 공헌을 한 것으로 간주해도 대과가 없을 것이다.

6.25 전쟁이 발발하자 문용형은 가족과 함께 흥남 철수 때 미군 배를 얻어 타고 월남해 문가를 낳았다고 한다. 그리고 경남 거제에 정착한 뒤 공무원 경력을 인정받아 거제 포로수용소에서 노무자로 일했다고 한다.

미확인설(說)에는, 문용형이 인민군 대좌인지 무엇인지로 남침한 인민군으로 잡혀서 거제 포로수용소에 포로로 있었다고 하는 말도 있다.

좌빨들이 애용하는 친일파 기준에 대조하면, 문가 애비는 일제에 부역한 친일파가 분명하고, 미확인설(說)에 따른다면, 동족상잔을 일으키고 남침한 인민군 빨갱이도 되는 것이다. 문가가 친일파 빨갱이라면 경끼(驚氣)를 일으키는 이유가 여기에 있는 것이 아니기를 바랄 뿐이다.

◇ 이재명은 친일행위보다 친북행위 규탄하라!

– 도형 김민상

이재명이 한·미·일 군사훈련에 대해 "극단적 친일행위"라고 했는데, 이 훈련은 문재인 정권 때인 2017년 10월 23일 한·미·일 국방장관이 합의한 내용에 따라 진행하는 것이라고 하는데, 그러면 문재인이 극단적 친일행위자란 것이 아닌가?

더불어당 이재명은 7일 북한의 도발에 대응한 한·미·일 군사훈련에 대해 "극단적 친일행위"라고 했다. 이재명은 이날 최고위원회의에서 "왜 하필 독도 근처에 와서 한·미·일 군사 합동훈련을 하느냐"며 이같이 밝혔다.

이재명이 전날 국방위에서도 지난 달 있었던 3국의 대잠훈련을 거론하며 "일본 자위대와 독도 근해에서 합동훈련을 하게 되면 자위대를 정식 일본군대로 인정하는 것 아니냐"고 했었다.

그는 "정부는 한·미·일 합동군사훈련에 대해 명백하게 사과하고 다시는 이런 훈련을 하지 않겠다고 약속해야 한다"며 "외교참사

에 이은 국방참사이며, 그야말로 극단적 친일행위, 극단적 친일국
방"이라고 했다.

이에 대해 국민의힘에서는 "국방에 대한 개념조차 모른다"는 비
판이 나왔다. 국민의힘 성일종 정책위의장은 "한·미·일 3국이 연
합훈련을 하는 것은 문재인 정권 때인 2017년 10월 23일 송영무 국
방부 장관과 매티스 미국 국방장관, 오노데라 일본 방위대신 등이 합
의한 내용에 따라 진행되고 있는 것"이라며 "북한의 핵미사일이 우
리를 위협하고 있는 마당에 북한의 잠수함을 제어하기 위한 국제적
인 작전을 왜 부정하느냐"고 했다.

성 의장은 "일본을 끌어들여 반일 감정을 부추기고 '죽창가를 부
르라'며 선동질하는 것이 대권 주자이자 당대표로서 할 말이냐"며
"국방에 대한 개념조차 모르는 이 대표가 참 안타깝다"고 했다.
국민의힘에서는 노무현 정부 당시 해상자위대 함정이 '욱일기'
를 게양한 채 인천에 입항했던 사실을 언급하며, "내우남친(내가 하
면 우호, 남이 하면 친일)"이냐고 맞받아쳤다.

박대출 국민의힘 의원은 지난 7일 자신의 페이스북에 과거 노무현
정부 시절 있었던 일을 언급한 뒤 이재명 대표에게 "또 철 지난 친일
팔이인가"라고 쏘아붙였다.
박대출 의원은 "친일팔이가 수지맞는 장사라고 생각해서 그랬다
면 번지수가 틀렸다"라며 "2007년 9월 '욱일기를 게양한' 일본

해상자위대 전투함 2척 등 함정 3척이 인천항에 입항했고 부두에 접안까지 했다"고 말했다.

그는 이어 "우리 해군의 인천해역 방어 사령관은 욱일기가 게양된 일본 함정에 올라 자위대 장병들의 사열도 받았다. (일본 자위대 함정들은) 우리 해군의 을지문덕함, 제주함, 영주함과 전술 기동훈련도 했다"며 "노무현 정부 때의 일"이라고 지적했다.

정진석 국민의힘 비상대책위원장은 페이스북에 "월드컵을 공동 개최하고 일본에 축구 경기 보러 간 김대중 대통령이 토착왜구냐? 일본 자위대와 해상 훈련하고 교류하도록 허락한 노무현 대통령은 친일 대통령이냐?"고 직격했다.

이재명과 좌익들은 시대 뒤떨어지게 친일 행위 규탄 말고 친북·종북 행위를 규탄하기 바란다. 이재명과 좌익들 주장대로라면, 김대중·노무현·문재인을 친일파로 규탄해야 한다. 부디 현재 대한민국을 가장 위협하고 있는 북한을 규탄하기 바란다.

◇ 중국의 유학생활에서 경험한
일본인과 중국인의 관계

– 우익대사 김진철

  필자는 한국에서 대학과 대학원 석사과정에서 중문학 전공이라서,
필연적으로 중국에 유학을 가서 공부하지 않을 수가 없었다. 중국의
학문뿐만 아니라 중국을 제대로 이해하기 위해서는 당연히 중국 현
지에서 그들과 접촉하면서, 그들로부터 공부를 하는 것이 가장 확실
한 방법이었다. 이에 필자는 2005년 8월에 한국에서 석사학위를 취
득한 후에 곧바로 중국의 명문대가 밀집한 베이징으로 박사과정 유
학을 가게 되었다.

  2005년 8월 당시, 필자가 처음으로 가본 중국의 수도 베이징은 그
야말로 무질서 속에 그들 나름의 모종의 질서가 유지되는 그런 모습
이었다. 도로에는 자동차와 버스뿐만 아니라 리어카, 말이 끄는 수
레, 자전거, 오토바이, 전동 자전거, 삼륜차 등등이 뒤섞여 그야말로
무질서의 극치였다. 이러한 무질서들은 2008년 8월에 개최된 베이
징 올림픽을 계기로 도시의 체계와 질서가 바로 잡히게 되었다.

필자는 베이징의 이러한 변화와 발전을 목도하면서, 한편으론 박사과정 입학을 위해 북경대(北京大)와 청화대(淸華大)에서 수업을 들었다. 필자의 전공 분야가 호여연해(浩如煙海)와 한우충동(汗牛充棟)이란 말로 형용되는 중국의 고문헌학(古文獻學)이어서, 상당한 분량의 공부가 필요했다. 게다가 중국의 인구 대비하여 수많은 중국학자의 연구성과 역시 상당하여서, 박사과정 준비에 상당한 어려움이 있었다.

암튼 이러한 어려움 끝에 베이징에 간 지 3년이 되던 시기이자 베이징 올림픽이 개최되었던 2008년도 9월에 베이징의 모 대학원에 중국 문헌학 전공으로 박사 과정에 입학하게 되었다. 당시 필자는 매우 운이 좋게도 등록금 면제, 기숙사 제공, 매달 일정한 생활비가 제공되는 중국 정부 장학생으로 선발이 되어, 학교에서 기숙사 생활을 하게 되었다. 학교의 기숙사는 2명이 함께 사용했는데, 룸메이트가 바로 필자보다 나이가 7~8살 어린 일본인 석사(碩士) 학생이었다. 학교에서 외국인 유학생에게 기숙사의 방을 배정할 때는 주로 문화권이 비슷한 국가의 학생끼리 해주는 경향이 있기에, 필자는 일본인 학생과 함께 기숙사 생활을 3년간 함께 하게 되었다.

필자는 일본인 룸메이트와 주로 중국어로 의사소통을 하면서 3년간을 함께 생활하였는데, 이 과정에서 일본인과의 문화적 차이나 사유의 차이를 거의 느낄 수 없을 정도로 매우 친하게 지냈다. 필자는 3년간의 생활에서 일본인이 남에게 피해를 주지 않고 생활과 남을 배려해 주는 그런 모습을 발견할 수 있었다. 가령 필자가 학기 말에 제출해야 할 논문이나 레포트가 많은 경우에는 부득불 밤샘 작업을 해야 할 때가 많았는데, 그때마다 일본인 친구는 잠자리가 불편했을 터인데도 묵묵히 참고 이해를 해주었다.

필자와 일본인 친구는 정치와는 거리가 먼 순수하게 대학원에서 학문을 연구하는 석사와 박사였다. 이처럼 정치와는 거리가 먼 우리의 유학 생활에서도 어떤 정치적인 사건들이 있었다. 바로 2010년 9월에 발생한 중국과 일본 사이에 센카쿠열도(尖閣列島, 중국명은 釣魚島)의 분쟁이었다. 이 사건으로 중국의 전 지역에서 다양한 반일(反日) 운동이 일어났다. 중국에서 일본 제품의 불매운동과 일본의 관광 금지를 비롯하여 중국에 있는 일본산 자동차까지 파괴하는 그런 사태까지 일어났다.

이러한 중일(中日) 간의 정치적 사건은 대학교의 일본인 유학생에게까지 영향을 끼쳤다. 중국 내의 반일 감정이 극도에 이르자, 급기야는 유학생 사무실에서 긴급 통지란 형식으로 사태가 진정될 때까지 당분간 일본인 유학생들의 외출을 자제해 달라는 공문이 내려왔다. 아마도 중국 공산당의 집단적인 폭력 속성이 있기에, 유학생 사무실에서 일본인 유학생들에게 그런 주의를 당부한 것으로 보인다. 당시 일본인 유학생 역시 주로 학교 안에서만 생활하는 매우 조심스러운 생활이었다.

이처럼 중국에서 일본인들이 한국인과는 상대적으로 각종 핍박과 탄압을 받는 데는 비단 2010년 9월의 센카쿠 열도에서 야기된 분쟁 때문은 아니라고 생각한다. 그 기원을 거슬러 올라가 보면, 아마도 1937~1945년의 중일전쟁(中日戰爭) 때문이 아닌가 한다. 당시 필자가 유학하던 시절에 TV 방송에서는 항일전쟁에 관련된 드라마를 통해 은연중에 중국인에게 반일(反日)과 극일(克日)의 감정을 심어주는 것을 느낀 적이 있다. 중국인이 일본인과 싸우는 드라마를 계속 보여주면, 당연히 중국인이 일본인에 대한 좋은 감정이 생길 리 만무하다.

중일전쟁 중에서 아마도 1937년의 남경대학살(南京大虐殺) 사건이 지금의 중국인이 일본에 대한 극도의 반일감정을 야기한 근본적인 원인이 아닌가 한다. 이 사건은 중국에서는 남경대도살(南京大屠殺)이라 하고, 일본에서는 남경사건(南京事件)이라고 한다. 이처럼 남경대학살 사건에는 중국과 일본 사이에 이 사건을 바라보는 입장 차이가 분명하게 존재하고 있다.

2011년 12월 15일, 장이머우(張藝謀) 감독이 남경대학살을 바탕으로 제작한 「金陵十三釵」(한국에는 「진링의 13소녀」로 소개)가 상영되었다. 당시 어학연수로 왔던 20대 일본인 유학생들에게 이 영화의 감상문을 작성하는 것이 과제로 나왔다. 아마도 중국인 선생이 이 과제를 일본인 학생들에게 준 것은 일본의 젊은이들이 남경대학살에 대해 어떠한 생각을 가졌는지를 시험해 본 것으로 추측된다. 당연히 중국인 선생은 일본인 학생이 남경대학살에 대한 반성과 죄책감이 적힌 과제

물에 높은 점수를 주었을 것으로 짐작이 된다. 이와 비슷한 사례로 한국에서 중국에 조기유학을 온 어느 학생이 수업 시간에 중국인 선생이 "대만은 중국 영토의 일부분이다."라는 강의를 하면, 곧 바로 한국 학생이 "선생님, 대만은 중국 것이 아니에요." 라는 발언을 할 경우에 그 학생은 감점을 받는 것과 같은 상황이다. 즉 중국에서는 중국 공산당이 만들어 놓은 모든 역사적 사건들에 대해서 다른 생각을 말하면, 감점이나 각종 불이익을 당하게 된다는 사실이다.

이 밖에 필자가 10여 년 동안의 중국의 유학 생활에서 여러 계층의 중국인을 많이 만나면서 느낀 또 하나의 사실은, 중국인들의 일본인에 대한 적대감이 상당하다는 것이었다. 지금도 필자가 기억하는 것은 일본인을 얕잡아 보는 말인 '시아오르번(小日本)' 이란 말이었다. 이 역시 중국 공산당의 일본에 대한 인식을 잘 보여주는 말이라 생각하고, 또 중국인에 대한 세뇌와 교육의 일환으로 본다.

그리고 필자가 10여 년 정도 베이징에 유학하면서 놀란 것은 베이징의 4대 명문대라고 일컫는 북청인사(北淸人師), 즉 북경대 · 청화대 · 중국인민대 · 북경사범대에 일본인 유학생이 많지 않다는 점이었다. 특히 학사, 석사, 박사의 학위과정을 하는 일본인은 진짜 드물었다. 간혹 눈에 띄는 일본인은 6개월~2년의 어학 연수생이나 1~2년의 연구과정생이 전부였다. 상대적으로 전체 외국인 유학생 중에 한국인이 약 7~80% 정도로 압도적으로 많았던 점은 특기할 만하다.

◇ 독도 무력점령

— 동남풍

비밀 해제된 1950년대 美 CIA 비밀문서에 "한국, 독도 무력점령"이라고 표현한 것을 두고, 결국 "일본을 편들어 준 것"이라고 떠드는데, 정말이지 하나는 알고 둘은 모르는 무지라고 본다.

독도가 왜 우리의 영토인가? 실효적으로 점유하고 있기 때문이다. 실효적 점유란 뭔가? 외국의 점유를 배제할 군사적 지배 상태를 뜻한다. 뭐 역사적 근거? 그런 건 귀신 씨나락 까먹는 소리다.

그래 그나마 과연 독도가 우리 땅이라는 역사적 근거가 있는가?
흔히 하는 말로, '독도는 우리 땅' 노래에 나오는 '지증왕 13년 섬나라 우산국', '세종실록지리지 50페이지 셋째 줄', '러일 전쟁 직후에 임자 없는 섬' 어쩌고 하는데, 전부 우리끼리 하는 소리일 뿐이다.

'우산국'은 울릉도를 뜻한다. 독도와는 별개다. 세종실록지리지

50페이지 셋째 줄에 독도란 말이 없다고 한다. 그 때문에 근거 없음이 드러나 '독도는 우리 땅' 노래가 한때 금지곡이 되었다고 알고 있다.

안용복? 울릉도 조업권 가지고 따졌지, 독도 문제로 따진 것은 아니다. 전부 울릉도 가지고 뭐라 뭐라 한 것을 가지고, 독도는 울릉도의 부속 도서라면서 우리가 확대해석한 것이다. 그래 울릉도에서 뱃길 따라 2백 리나 떨어져 있는 섬을 가지고 울릉도의 부속 도서라고 할 수 있나? 지금이야 우리가 실효적으로 지배하고 있고, 행정구역도 울릉도에 부속시켰으니 가능한 소리일지 모르나, 구한말까지 방치한 상태에선 어림도 없는 소리다.

간혹, 근대 일본 지도에 독도를 한국에 포함시킨 것을 가지고 근거 삼는 경우가 있는데, 이 또한 우스운 경우이다.

이는 독도를 일본 영토로 표기한 지도를 우리나라 언론들이 보도하지 않은 탓에 우리 국민이 세뇌되어 고집하는 경우인지 알 수 없으나, 근대 이전에 '우리가 독도를 실효 지배 하여서 일본이 조선영토로 표기' 했다기보다는 오히려 그 당시 바다의 가치조차 모르고 근대문명이 전무하여 실효 지배 할 힘도 없는 조선이 설마 독도 가지고 영토 주장을 하겠냐는 오만에서 일본조차 독도에 대한 실효 지배를 하지 않고 방치하다 보니 별스런 고민 없이 그냥 일본 영토 밖임을 표시하다가 조선영토처럼 표시된 것일 가능성이 높다고 본다.

즉, '러일 전쟁 직후에 임자 없는 섬' 어쩌고 해도 그 당시에 우리는 무슨 뜻인지 알지도 못했고, 설사 알았다고 한들 독도의 가치를 인식해서라기보다는 반일 의식 때문에 길길이 날뛰며 일본을 저주할 정도였을 것으로 본다.

그럼, 독도가 언제부터 우리 땅인가.

독도는 해방 당시 선구적일 정도로 영해의 가치를 간파하신 건국의 아버지 이승만 대통령께서 2차 대전 전후 처리에 자신의 대미교섭능력을 십 분 발휘하여 독도를 우리 영토로 편입시켜 공식화시킨 것이 바로 그 시초요 기원이라고 본다.

그 당시 이승만 대통령께서는 독도에 가보지도 못하였기에 독도가 동도와 서도 2개의 섬으로 구성된 줄도 모르고, 지도상의 한 점으로 만 표시되어 있어서 섬이 한 개인 줄 알고 그냥 독도(獨島, 홀로 섬)라고 부르지 않았을까 유추해 보는데, 필자는 이러한 추측을 확신한다.

이렇게 자신의 수완을 발휘하여 얼렁뚱땅 획득한 것이긴 하나, 독도의 중요성을 누구보다 절감하였기에 우리의 영토임을 공고히 하기 위하여 평화선을 긋고 일본 선박의 접근을 배제했는데, 당시 가난한 나라인 우리의 순시선이 일본 어선보다 느려서 엄청나게 약이 올랐다고 하는데, 바로 그 '바보짓 같은 영토 유지 행위의 지속'이 바로 지금의 독도영유권의 근거인 것이다.

그러므로 비밀 해제된 1950년대 美 CIA 비밀문서의 "한국, 독도 무력점령"이라는 표현은 바로 독도가 우리 땅인 역사적 근거요 공식 증거인 것인데도, 이를 일본 편드는 것으로 생각하는 것은 무지의 소치라고 본다.

보라. 이것 말고, 독도라는 명칭이 언급된 우리의 역사적 근거가 있는가.

무력 점령해야 영토이지, 역사적 근거로 자기 영토를 남의 영토로 인정해주는 바보 나라가 어디 있는가. 역사책 뒤져서 자기 나라 땅을 남에게 주는 바보 나라는 없다.

칭기즈칸 시절 몽고가 러시아를 지배한 것을 두고 몽고가 러시아를 자기네 땅이라고 주장하던가? 우리는 왜 그런 바보스런 기준으로 따지는가.

지금 센가꾸열도가 왜 중일 간 영토분쟁의 늪으로 빠졌는가.

간단하다. 역사적 근거는 겉으로 내세우는 말장난이고, 실제로는 중국의 군사력이 부강해졌기 때문이다. 왜냐하면 중국의 군사력이 약할 때 중국이 센가꾸를 자기네 영토라는 역사적 근거를 들먹인 적이 없기 때문이다.

그럼에도 좌익화된 우리 언론에서는 센가꾸의 위치를 언급할 때 자꾸 "중국 본토에서 330km, 일본의 최남단인 오키나와에서 410km" 식으로 표현하여, 얼핏 듣기엔 중국에 유리한 여론을 조작하려고 꼼수를 부리는데, 엄밀히 따지면 완전 엉터리다.

왜냐하면, 오키나와는 일본이 지배하는 류우큐우 열도의 최남단이나 최서단이 아닌 중간쯤에 위치하고 있으며, 류유큐우 열도의 서남단의 도서 중 이시카와 섬과 비교하면 직선거리로 센가꾸까지 약 160km 밖에 안 떨어져 있는데, 이는 센가꾸와 제일 가까운 중국 본토와의 거리(330km)와 비교하면 절반도 안 되기 때문이다.

우리 언론의 친중사대 매국화가 참으로 심각하다.

그래서 말인데, 미 국무장관이 전몰자공원에 참배까지 하는 작금의 미일 공조 때문에 반일감정에 따른 한미공조의 균열을 예방하기 위해서는 다음과 같이 주장해야 할 것이다.

오키나와를 기점으로 비교하여 보도하는 친중사대 좌익언론의 얍삽한 잣대도 부러뜨릴 겸, 북한의 배후 조종 세력인 중국의 팽창도 우리 힘이 아닌 일본의 힘을 이용하여 저지할 겸, 독도에 대한 일본의 예봉도 센가꾸 쪽으로 돌릴 겸, 이어도에 대한 중국의 야욕도 분쇄할 겸 해서 "센가꾸가 일본 땅이듯, 독도는 우리 땅 아닌가"라고 일본에다 떠들어 주는 것도 꽤나 괜찮을 것 같다.

이것이 우리의 실리도 챙기면서 힘들거나 돈 드는 것도 없으면서 일본에 베풀어주는 것 같은 말 잔치로 우방 관계도 상하지 않게 하는 일이니 누이 좋고 매부 좋은, '병 주고 약 주기'로까지 비약할 필요는 없지만, 그런대로 괜찮은 외교적 약장수 아닐까?

중국과의 교역량과 대중국 투자가 걱정 되는가? 나라를 잃으면 전부 적산으로 빼앗길 것들이다. 안보보다 큰 자산이 없다. 그 이하의 가치는 적당히 잃을 줄도 알아야 한다.

다시 한번 "한국, 독도 무력점령" 이라고 표현한 美 CIA에 감사드린다.

◇ 독도와 대마도

- 동남풍

　사실 독도는 2차 대전 종전 이전까지는 한국이나 일본이 그다지 영토로서 관심을 가지지 않았다. 일본의 지도 또한 어떤 때는 독도를 조선 영역에 넣었다가 어떤 때는 일본 영역에 넣었는데, 이는 조선의 독립이 결코 불가능할 것이라는 관점과 일본의 영해 관념의 변천 때문이라고 본다.

　우리는 여기서 독도를 조선 영역에 그려 넣은 지도만 가지고 열광하며 "일본도 독도를 우리 땅이라고 자인했다"고 떠드는데, 그럼 그 반대가 되는 지도가 나올 땐 그건 날조나 왜곡이라고 할 텐가? 언제까지 당연한 우리 땅인 독도를 두고 맨날 케케묵은 기록 뒤져서 특정한 부분에다 우리식 해석을 갖다 붙여 자기만의 정신승리에 도취될 것인가. 아닌 말로 독도와 관련지어 지나치게 부추기는 이사부나 안용복의 활동도 솔직히 말하면 울릉도까지만 한정됨을 상기하면 그러한 과잉 연계는 '국뽕'이라고 봐야 한다.

그리고 독도(獨島)라는 섬 이름도 한 번도 가보지 않고 섬이 2개라는 실태를 몰라서 지도상에 점 하나로만 표현되어 있는 것만 본 사람이 그냥 관념적으로 한 개의 섬이라는 이름을 갖다 붙인 것(각종 네트워크에 퍼뜨린 돌섬·독섬이란 소리는 너무 억지스러운 냄새가 남)으로 본다. 일본이 다케시마(竹島)라고 얼렁뚱땅 갖다 붙인 거라면, 우리는 실상도 모르고 독도라고 갖다 붙인 거라고 봐야 한다.

독도가 부각되기 시작한 것은 2차 대전 종전 직후 미국이 일본의 재부상을 억제하려고 식민지를 독립시킬 때, 그 당시 영해 개념을 꿰뚫어 본 이승만 대통령이 미군정에다 독도를 한국령으로 해달라고 요청했었고, 또한 일본의 무장해제와 평화헌법 체제 때문에 군대가 없다는 것을 알고 이승만 대통령이 그 당시 빈약한 해군력이나마 모조리 동원하여 무력으로 독도를 점령한 시기부터라고 생각한다. 그래서 말인데, 만일 독도가 왜 우리 땅이냐고 묻는다면, "우리가 '군사적으로' 현재 지배하고 있기 때문에 우리 땅"이라고 해야 한다.

역사적 영토는 없다. 그건 고토(古土)다.

그리고, 80년대에 '독도는 우리 땅' 노래가 금지곡이 된 것을 두고 "독도를 일본에 팔았다"느니 하는 말이 있었는데, 실은 '세종실록지리지 50페이지 셋째 줄'에 독도에 관한 말이 없기에 오히려 일본에 책잡히는 국뽕이었기 때문이라고 한다. 어찌 보면, 진짜 "독도를 일본에 팔았다"는 것은 1998년 김대중 정부 당시 울릉도와 독도 사이에 공해를 설정하여 독도를 한국과 일본과의 중간수역에 두게 된 것을 가지고 말해야 성립될 수 있다고 본다.

동해 표기 문제도 그렇다. 국제적으로 일본해(Japan Sea)라고 하는 걸 우리가 동해(East Sea)라고 고치자고 열심히 노력하는데, 정작 중국 지도에는 일본해(日本海)라고 버젓이 표시되어 있는데도 여기에 대해 항의한 소리는 한 번도 들어본 적이 없다. 결국 이런 일본해 소동도 일부러 서방권에만 가서 떠들어 서방권 분열만 획책하는 전략의 일환으로 민족주의가 이용되는 것 같은 느낌이 든다.

우리나라는 걸핏하면 독도 관련 애국심 이벤트를 벌이고 있는데, 이는 어찌 보면 영토분쟁 지역이라고 국제 사회에 광고하는 바보짓이다. 당연한 자기 집을 가지고 등기권리증도 모자라 부동산 중개수수료 영수증까지 찾아서 보여주며 떠드는 것과 뭐가 다른가? 군사적으로 침탈당하여 **빼앗기면** 우크라이나의 크림반도처럼 등기권리증도 무용지물이 되는데, 정작 중요한 게 뭔지도 모르고 자꾸 남에게 군침 흘리게 만드는 이유가 뭔가? 일부러 반일 의식을 고취하려고 당연한 것을 일부러 아슬아슬하게 따지는 건가? 하긴 아래한글에서 '일제시대'를 치고 스페이스 바를 누르면 저절로 '일제강점기'로 바뀌더라만.

어쨌든 자국 내 행정구역이라면 자국이 획정(劃定)하지만, 국가 간 영토분쟁은 실효 지배로 확정(確定)된다는 점을 상기하면, 역사의 편협한 부분을 지나치게 확대해서 의존하는 태도는 남들 눈에는 국뽕으로 비친다는 점을 명심하자. 일본이 독도를 가져갈 수 있는 유일한 방법은 군사적으로 정복하여 계속 점유하는 방법밖에 없다.

그럼 독도는 무슨 가치가 있어 일본이 노릴까? 일본이 독도를 노리는 이유가 뭘까?

첫째, 대개의 사람들은 독도 주변 수역의 어족자원 때문이라고 한다. 허나, 수산업이 국가 경제에서 차지하는 비중을 고려한다면 어장 때문에 독도를 노린다고 보기 어렵다.

둘째, 혹자는 독도 인근 해저에 매장된 메탄하이드레이트 때문이라고 한다. 그러나 메탄하이드레이트는 독도가 아니라도 많이 분포하므로 중국보다 영해가 넓은 일본이 이 때문에 독도에 집착한다고 보기는 어렵다.

셋째, 독도가 군사기지로서 가치가 있다는 소리도 있다. 그건 20세기까지의 가치일 뿐이라고 본다. 요즈음 같이 장거리 정밀타격 무기가 발달한 시대에 수평선 넘어 갑자기 들이닥치는 고속 유도무기 앞에 해상에서 눈에 잘 띄면서도 움직이지 못하는 표적인 독도라는 부동산에서 버틴다는 것은 힘들기 때문이다. 게다가 숨거나 가려줄 천연 방어시설로 쓰기엔 크기조차 너무 작지 않은가.

내 생각에는 평시 '영해의 확장'을 통한 전시 '방어망의 확장' 목적이라고 본다. 독도 때문에 설정된 영해는 외국의 선박이나 항공기에 대하여 배타적이므로 그만큼 평소에 자국 함정만을 독점적으로 상시 배치할 수 있게 되는데, 이럴 경우 중국 러시아나 북한의 공격으로부터 조금이라도 더 원거리인 동해상에서 1차 방어를 할 수 있어 본토 방어에 한결 여유를 가져다주기 때문이다. 21세기의 미사일 대결에서는 더더욱 그렇다. 따지고 보면 함정 그 자체가 움직이는 군사기지 아닌가. 따라서 평시에 적용되는 독점적이고 배타적인 수역인 영해가 전시에 군사적으로 가치가 있다는 점에서 독도의 주된 가치가 '영해의 기점'이라는 표석(表石) 기능이라고 보는 것이다.

현재, 대마도의 주인은 누군가? 일본이다. 그럼 과거엔? 우리 땅이었던 적이 있었다. 대마도는 원래 무주물이었다가 '한때' 우리 땅이었는데, 장기간 점유행위를 게을리하여 소유권이 일본으로 넘어간 것으로 보고 싶다. 이는 영토의 실효 지배는 역사적 소유권이 아닌 현실적 점유권에 있기 때문이다. 즉, 소유권은 있으되 점유행위를 하지 않고 일본인들이 점유한 상태를 장기간 방치한 결과 흔히 법률용어로 말하는 '장기간 점유에 의한 시효취득' 식으로 일본 땅이 된 것이다.

그럼 왜 우리가 점유행위, 즉 거주를 하지 않았느냐? 그건 우리가 농업환경 기준으로만 땅의 가치를 판단한 무지 때문이었다. 대마도에선 농사를 짓기 어렵다는 생각에서인데, 소작농체제와 거리가 먼 무역이나 어업, 군사기지 같은 용도는 생각하기 싫어했기 때문이다. 오죽하면 연근해 섬까지 사람이 살지 않도록 비우는 공도정책(空島政

策)까지 나왔겠는가.

그래도 선각자가 있어 대마도 반환을 추진했다고 하니 역사 앞에
체면치레는 했다고 본다. 건국 이후 이승만 대통령은 '대마도 속령
(屬領)에 관한 법적 조치'를 취하면서 수시로 "대마도 내놔라"고
요구한 것이 6·25 때까지 무려 60여 차례나 이어졌다. 그러나
6·25 발발로 인해 일본을 보급기지로 이용해야 하는 현실 앞에서
실질적으로 무산되고 말았다.

그런데도 불구하고 6·25가 한창 진행 중인 1952년 1월 18일 독
도와 이어도를 연결한 주권 수역인 '평화선'을 선포할 정도로 이승
만 대통령은 영해 확보에 대한 열정을 발휘하는데, 다른 건 몰라도
정말 그 당시 전설에나 나오는 '이어도'를 현실로 끌어올린 그의 예
지가 새삼 대단하다는 생각이 든다.

◇ 친일이 애국이다

- 손승록

　문재인 정부의 좌파 패거리들이 선동하는 반일 운동에 동조하는 개돼지 국민이 떼거리로 하는 짓거리를 보고 있자면 아주 가관이고 혼자 보기 아깝다. 특히 아사히삐루, 기린삐루 길거리에 쏟아붓고, 도요타 자동차 때려 부수고, 한국의 롯데그룹이 50%의 지분을 가진 유니클로 의류의 택배 배송을 거부하는 민노총 소속의 택배 조합원들의 행태를 보면서 일본은 속으로 박수치고 쾌재를 부르고 있을 것이다.

　지난 2010년 일본과 중국이 센카쿠열도(중국명 댜오위다오)를 두고 영토분쟁이 벌어졌다. 개인소유인 섬을 일본이 매입하여 국유화한 것이다. 이를 두고 중국에서 대규모 반일 운동이 일어나고 일본 제품 불매운동이 일어났고 길거리에서 도요타 자동차가 불타고 있을 때이다. 그 13억 인구가 중국 반일 운동을 하고 일본 제품 불매운동이 일어났을 때도 굳건하게 버텨냈고 지금은 더 우호적이고 돈독하게 관계를 유지하고 있는 일본이다. 5천만 인구 아니 그중에서도 한 줌도 안 되는 좌파 무리들이 준동해서 일본 제품 불매 운동한다고 눈이나 깜짝하겠는가.

더불민주당에서 일본의 경제보복에 대응하여 만들었다는 "일본 경제 침략 대책 특별위원회" 플랜카드 벽에 걸어놓고 의병을 일으켜야 한다며 꼴값 떨고 있는 최재성을 보면 실소를 금할 수 없다.

이제는 더불당의 매국 반역 인간들이 종달새처럼 입을 모아 이번 8·15 이전에 한일 지소미아(군사정보 보호협정)를 폐기해야 한다고 정신 한참이나 돌아간 놈 소리를 짖어대고 있다. 한일 지소미아 체계화 이후 우리나라에는 없는 무려 5기의 군사위성, 최신 레이다 장치를 장착한 13척의 이지스함 그리고 수십이 될지 수백이 될지 모르는 일본 본토의 최신 레이다 장치는 미국도 일본에 의존하는 정보자산이다.

아직 정상적인 한일방위조약이 체결되지 않았으니 지소미아는 한일방위조약을 대신한다고 할 수 있다. 핵보유국인 중국과 러시아 세계는 인정하지 않지만, 실질적으로 핵보유국인 북괴와 마주하고 있는 한국은 가장 최우선으로 경제적 군사적으로 양국 관계를 돈독히 해야 한다. 그리고 하루빨리 한일군사동맹을 맺어야 한다. 우방인 일본을 절대로 이렇게 적대시해서는 안 된다.

지금을 임진왜란 때와 일제강점기로 착각하는지 더불당의 이인영

원내대표의 "우리는 왜구침략과 일본제국 침략을 이겨낸 나라"라는 발언은 하도 같잖아서 웃음조차 나오지 않는다.

박근혜 정부가 국익의 차원에서 미룬 한일 징용공 판결을 지난해 10월에 대법원에서 확정판결하자 벼루고 벼른 일본이 미국의 협조를 받아 한국을 화이트리스트(수출 우대국가)에서 제외한 것이다.

애시 당초 이번 대법원의 한일 징용공 판결은 법의 판결 이전에 외교적으로 풀었어야 하는 문제였다. 지난해 10월 대법원의 판결이 났을 때 그때부터 외교적으로 주도면밀하게 준비했어야 했다. 수수방관 손 놓고 있다가 지난 7월 3개 소재 수출규제가 엄격해지고 우리나라 수출의 25%를 차지하는 삼성과 SK 반도체사업이 위기에 내몰리자 의병이니 죽창이니 금 모으기니 하다가 마침내 8월 2일 화이트리스트(수출 우대국가)에서 제외되자 대책은커녕 "일본 이기적 민폐 해위, 가해자 적반하장"이라며 대통령부터 나서서 반일 감정을 노골적으로 부추기고 있다.

역으로 일본 대법원에서 해방 후 한국에 남겨 놓았던 일본의 약 22억 불의 땅이니 집이니 기업들을 다 돌려받아야 한다고 판결을 내리면 그때는 어쩔 것인가. 그리고 일본 내의 한국 기업 자산들을 모조리 압류 조치하면 또 어쩔 것인가. 어째서 이번 문 정권의 하수인들은 하나같이 돌대가리들만 모아 놓은 것일까.

일본 투자가 빠져나가도 아무 문제가 없다는 정신 나간 금융위원장. 작년 국민연금을 통한 수익률이 세계 최하위인데도 국민에게 묵묵부답인 국민연금 관리공단 이사장.

국민연금은 세금이 아니라 우리 국민들의 저금이다. 그런 국민연금을 8월 2일 코스피 시장 2,000선 방어에 사용했다고 한다. 결국엔 2,000선도 막아내지 못했지만 말이다. 그런 국민의 저금을 코스피 시장 방어에 사용했다면 그것은 국민의 돈을 도둑질한 것이다.

유튜브 방송에 출연한 카이스트 교수 이병태 애국 교수의 일갈이 떠 오른다.

"김상조, 장하성, 홍장표 모두 사기꾼이다"

지금 문재인과 좌파 패거리들의 악질적인 반일운동에 부화뇌동 개돼지 백성들은 이것을 빌미로 일본이 미국에게 "한국은 믿을 수 없다. 우리도 군비를 대폭 확장해야 된다. 전범 국가에서 이제는 정상 국가로 나아가야 한다. 북한의 핵도발에 대비하여 우리도 핵무기를 개발해야 한다." 는 일본의 입장만 공고히 해줄 뿐이다.

다시 한번 말하지만, 일본의 경제보복 쓰나미가 현해탄을 건너 대한민국을 삼켜 버릴 듯 덮치고 있는데 겨우 길거리에 아사히삐루 쏟아붓고 있는 좌파 개돼지 국민들…

이제 자유우파 국민들에게 고하노니, 일본을 사랑하자 그리고 어깨동무해서 함께 세계로 나가자.

◇ 나는 친일파다, 그리고 일본국에 사과한다

— 정문 최구섭

근현세사를 바라보며 숱한 시간을 갈등해 본 적이 있는가. 미개하고 무식한 학문 성리학에서 한 발자국도 벗어나지 못한 구한말의 학문 수준, 국가시스템, 국민의식 수준, 지독한 가난, 부패한 관료, 비열하고 야비했던 군왕, 게다가 과학기술은 일제에 비하면 새 발의 피도 되지 못했다.

해방 후 죽어라 일본을 쫓았지만, 현재 일본의 출판량은 한국의 8~10배에 이르고 있고, 학문적 성과는 일본의 발끝에도 따라가지 못한다. 학문과 학자의 수준도 우리는 조족지혈(鳥足之血)에 불과하다. 일본은 18개의 노벨상을 받았지만 우리는 돈 주고 사들인 노벨평화상 하나밖에 없다.

현재가 이러한데 한일합방 당시 조선의 수준을 논해 무엇을 하겠는가. 일제시대는 최소한 우리에게 문명개화의 기회를 주었고, 국민의 수준을 고양하고 국가 시스템이 혁신되었던 축복받은 시대였다.

일제시대에 교육받고 관료로 진출한 각 분야의 지식인이 200만 명이 넘었다. 그들의 지식과 경험은 대한민국 건국과 산업화에 막대한 공헌을 했다는 것은 부인할 수 없는 사실이다. 해방 후 알량한 학문 수준과 학교의 수준으로 교육받은 그들의 능력으로는 대한민국 산업화를 성공시킬 역량이나 능력이 되지 못했다. 당장 586주사파 빨갱이만 보더라도 지나가는 개도 알 수 있는 당장의 사실이다.

일제의 수탈이 조선 백성을 가렴주구에 시달리게 하였다는 거짓말 역사를 알아가는 과정은 고통스럽다. 조선의 역사는 길가에 나 앉은 창녀와 비슷해 뭐 하나 내세울 것이 없다. 그러다 보니 과거를 세탁하고 조작하는 대한민국에서 역사는 거짓말로 도배된 창녀의 역사이다. 문명개화의 길을 열어준 일본의 조선 지배는 조선과 국민을 높은 수준으로 업그레이드 시켜 주었다. 역사를 들여다보면 볼수록 진실을 부인할 수 없게 된다.

영토는 국가를 구성하는 가장 중요한 요소이다. 라오스는 지적도면이 없다. 각 개인이 소유한 토지의 경계를 국가에서 확인하여 주지 않는다. 따라서 토지의 경계를 두고 사인 간 다툼이 많을 수밖에 없다. 지적도면을 만들지 못하는 이유가, 라오스는 세계 최빈국으로 지적도를 만들 수 있는 돈이 없다.

일제는 조선의 토지 40%를 수탈하였다는 주장은 주야장천 울궈먹는 대표적인 거짓말 역사이다. 일본은 토지조사령을 통해 토지를 측량하고 국가가 관리하는 토지 장부를 만들어 주었다. 지금 우리가 쓰고 있는 토지대장, 지적도가 바로 그것이다. 그렇게 일제가 남겨준 자산은 지금까지 소중하게 쓰고 있다.

일제는 토지조사를 통해 개똥이 아버지가 쌀 서 말 주고 산 땅을 측량하고 정비하여 경계를 확정하여 토지 주인의 소유권을 확인해 주었다. 99.5%의 토지는 국가공인과 개인 소유자를 찾았다.

조선은 할 줄 아는 것이 농업밖에 없었다. 따라서 농부에게 토지는 곧 생명줄이었다. 그런 생명줄을 일제가 **빼앗아** 갔다면 끊임없는 민란에 시달렸을 것이다. 해방 후 일제가 40%에 이르는 토지를 수탈하였다면 수탈당한 농민은 해방 후 땅을 찾아 달라며 엄청난 소요사태를 일으켰을 것이다. 그러나 단 한 건도 토지를 찾겠다는 민원이 없었다.

일제의 토지 수탈을 입증할 수 있는 토지대장 한 장 제시하지 못하는 거짓말 역사학자는 이제 진실을 말해야 한다. 위안부 역사에도 이제는 양심선언을 해야 하며, 징용이라는 거짓말도 참회할 때가 되었다. 당시 조선인 특별 지원병의 경쟁률이 수십 대 일, 수백 대 일이었다.

거짓된 역사를 자랑하는 거짓된 국민으로 살아가는 것도 이제는 지친다. 정말 조센징은 삼 일에 한 번씩 두들겨야 한다는 말이 절로

나온다. 조센징은 솔직한 역사를 가진 정직한 사람, 과거를 반성할
수 있는 용기 있는 국민이 될 수 없는 것일까?

◇ 일제시대의 한글 문화

- 정문 최구섭

　5 · 16혁명 이듬해인 1962년 3월 1일, 박정희 대통령은 모든 공문서의 한글전용을 실시했다. 인류 최악의 중국 문자를 혁파하고 조선의 잔재를 일소하는 위대한 순간이었다.

　유럽의 중세시대, 면죄부를 팔아 배를 불리던 사제들은 성경의 번역과 출판기술의 혁명으로 값싼 성경이 대중에 보급되면서 면죄부 장사꾼들의 밥그릇이 날아갔다. 라틴어로 쓰인 성경, 값비싼 성경을 읽는 것은 사제들의 전유물이었다. 그러나 성경이 유럽 각국의 언어로 번역되고, 출판기술의 발달로 인한 값싼 성경이 대중에게 보급되었다. 성경을 읽게 된 대중은 천국에 이르는 길이 면죄부가 아니고 성경을 읽는 것임을 깨달았다. 대중은 타락한 로마교황청에 반기를 들었고 종교개혁의 불길로 이어졌다. 종교개혁의 중심에 선 칼뱅주의 정신은 청교도로 이어져 미국에 상륙했고, 청교도는 오늘의 미국을 만들었다. 청교도 정신으로 무장된 그들은 구한말 선교를 위해 조선을 찾았고 사악한 봉건제도 하에서 신음하는 대중을 구원했다.

그들은 450년간 사장된 한글의 가치를 찾아냈다. 성경을 한글로 번역하여 대중에게 보급했다. 한글로 번역된 성경은 한자를 익히지 못한 여성, 하층민에게 한글을 보급하는 수단이 되었고, 단군 이래 처음으로 대중이 문자의 주인이 되었다. 선교사들의 노력은 눈물겨웠다. 처박혀 있어서 대중들도 모르고 있던 한글을 찾아냈다. 띄어쓰기조차 없는 한글을 개조하며, 미국의 선교사 호머 헐버트는 세계 최초의 한글 교과서인 사민필지(士民必知)를 만들었다. 그때가 1889년이었다.

중국인들도 평생 다 써보지도 못하고 죽는다는 한자는 미개함의 극치이며 반문명적 쓰레기이다. 익히기 어렵고 새로운 말이 생길 때마다 끊임없이 새로운 글자를 만들어야 한다. "한자를 없애지 않으면 중국인은 망할 것"이라며 한탄하며 뤼순은 죽었다. 그 미개한 문자의 무용성을 갈파한 호머 헐버트는 "중국인들도 어려운 한자보다 한글을 사용해야 한다"라며 한글 보급에 평생을 바쳤다.

한글이 수백 년간 처박힌 이유는 상국인 중국의 문자를 가르치기 위한 발음기호로 사용하기 위하여 한글을 창제하였기 때문이다. '훈민정자'가 아닌 '훈민정음'은 '백성을 가르치기 위한 바른 발음'이란 뜻이다. 한글이 중국 문자를 익히기 위한 보조수단이었지만, 이마저도 백성이 문자를 배우는 것을 꺼렸고, 조선의 선비들은 계집이나 배우는 '암글'이라고 비아냥거렸다. 평등을 설파한 한글 성경은 대중들에게 계급해방의 가치를 심어주었고, 사악한 봉건 질서에 저항하는 정신을 심어주었다. 그렇게 성장한 대중은 시대를 지배하기 시작했고, 이승만 정신의 기초가 된 만민공동회 개막 연설을 백정 출신 박성춘이 하기에 이르렀다.

수신사로 일본에 간 박영효는 일본의 근대화를 이끈 사상가 '후쿠자와 유키치'를 찾았고, 후키자와 유키치는 조선의 개화에 신문의 필요성을 가르쳐 주었다. 후쿠자와 유키치는 이노우에 카쿠고로를 조선으로 보내 윤전기와 잉크, 종이를 지원했다. 그렇게 한자로 발행된 최초의 신문 〈한성순보〉가 탄생하였다. 한자 신문의 대중 무용성을 본 후쿠자와 유키치는 대중이 읽을 한글 신문 발행을 가르치며 지원했고, 이노우에 카쿠고로는 일본에서 제작한 한글 활자를 조선에 보내 주었다. 조선 최초 국한문 전용 주간신문 〈한성주보〉는 그렇게 탄생하였다. 대중이 신문을 읽는 대중 정보 시대가 열렸다.

지금 그토록 게거품 물며 한글탄압을 했다는 조선총독부는 대대적인 한글 보급에 나선다. 한국어 교과서에 사용한 한글 철자를 정리, 통일하기 위하여 고쿠분(國分象太郎), 시오카와(鹽川一太郎), 신조(新庄順貞), 다카하시(高橋亨), 강화석(姜華錫), 어윤적(魚允迪), 유길준(俞吉濬), 현은(玄檃) 등을 위원으로 하여 1912년 4월에 한글 철자법을 정했다. 이 철자법은 그 후 1921년에 "보통학교용 언문 철자법 대요(普通學校用諺文綴字法大要)"로서 개정되었고, 이후에도 권덕규, 신명균, 심의린, 정열모, 최현배 등 주시경 문하생들이 참여하여 여러 차례 한글맞춤법을 수정하여 현대적 한글의 모습을 갖추기 시작했다. 1933년에 '한글 맞춤법 통일안'을 마련하였고, 이는 남북분단 후에 남과 북에도 한글맞춤법의 기초가 되었다. 조선어학회는 1936년 "사정한 조선어 표준말 모음," 1941년 "외래어 표기법 통일안" 등을 마련했고, 끊임없이 한글 진화를 모색했다.

한자 발음기호이던 한글이 세계 최고의 문자로 탄생한 것은 일제시대였고, 문자사용의 중심에 대중이 자리했다. 대중의 문자향유는 수백 년간 정보를 독점한 조선 선비의 밥그릇을 깨버렸고, 계급의 굴레를 벗어나게 했다.

일제시대 한글탄압에 대한 온갖 날조된 역사가 판을 치고 있다. 일제가 패망할 때까지 조선총독부는 한글개조와 한글맞춤법 통일을 위하여 노력했고, 수많은 조선인 한글학자가 참여했다. 조선어학회 탄압을 두고 한글을 탄압했다고 주장한다. 그러나 조선어학회의 한글연구가 문제가 된 것이 아니고, 한글을 통한 민족주의 함양, 일제에 대한 저항운동을 보급하는 조선어학회에 대한 탄압이었다. 독립운동가를 탄압했듯이 그러한 연장선상의 조선어학회의 탄압이었을 뿐 한글을 탄압한 것은 아니었다. 조선어연구회의 체포는 좌익계열 독립군의 후원을 받았다는 죄명이었지, 한글 연구가 죄명이 아니었다. 처벌을 받은 자도 6명에 불과했다.

일제시대 역사에 대한 거짓말은 일상이 되었다. 조센징들은 일제의 한글 탄압을 사골국물 우려먹듯 우려먹는다. 상식적으로 1941년까지 조선어학회가 한글맞춤법 관련 통일안을 발간하여 왔고, 조선 총독부는 이를 장려했다. 일본어 보급을 위해 한글을 탄압했다는 것도 상식적으로 이해가 되지 않는 논리이다. 조선인이 일본어를 배우려면 한글을 알아야 일본어를 배울 수 있다. 조선에 일본어를 보급하려 했던 일제가 한글을 탄압해야 할 이유가 없는 것이다. 세종이 한자의 발음기호 창제를 위해 훈민정음을 만들었듯이, 조선인이 일본어를 배우기 위해서는 일본어 습득 매개체인 한글 습득이 필수적이기 때문이다.

일제시대를 통틀어 한글문학 작품이 중단된 시기는 단 한 번도 없었다. 조선일보는 1943년 폐간되기 전까지 한글로 발행되었고, 월간조선의 전신인 잡지 〈조광〉은 일제패망 때까지 한글로 발행되었으며, 조선총독부 기관지는 해방될 때까지 한글로 발행되었다.

중국 동북공정의 역사 날조와 거짓말은 구역질을 나게 만든다. 우리도 중국처럼 역사 거짓말을 하며 미개해질 수는 없다. 중국 동북공정처럼 역사의 거짓말을 하면 중국만큼 미개한 조센징이 되는 것이다. 조센징이 아니라 한국인이 되고자 한다면 역사에 정직해야 한다.

문자를 가지게 된 대중은 새로운 지식을 습득하며 문화 소비의 주체가 되었고, 문자를 소비할 읽을거리를 찾았다. 대중이 소비한 문자는 춘원 이광수를 비롯한 수많은 문학가를 배출했다. 춘원 이광수의 『무정』은 연애소설이었고, 최초의 여류 소설가 김명순은 여성해방과 자유연애를 전파했다. 대중은 책을 읽으며 자유와 이성 간의 사랑, 인간의 평등을 탐구했다.

일제시대 출판기술의 발달은 '딱지본' 소설이라는 문화상품을 만들었다. 알록달록 표지가 딱지처럼 생겼다 하여 딱지본으로 불렸다. 출판기술의 진보와 그로 인한 생산성은 누구나 쉽게 소비할 수 있는 저렴한 가격으로 소설책을 문화시장에 내놓았다. 시장에서 팔리는 국수 한 그릇 값에 불과하다 하여 '6전 소설'이라고도 불리며, 발간되는 소설책마다 연간 수만 권이 팔렸다. 미개한 성리학이 금기한 남녀 간의 사랑이 꽃을 피우며, 비극으로 승화된 이수일과 심순애에 대중은 울었고, 춘향전을 통하여 과거를 회생했다. 서구세계의 번안 소설 『셜록 홈즈(붉은실)』를 통해 새로운 문명을 접했다.

문화 소비의 주체가 된 대중은 새로운 문화상품을 찾았고, 영화가 보급되어 문화시장의 주역으로 자리 잡았다. 지금도 찾아보기 힘든 영화잡지가 일제 강점기에 〈녹성〉을 필두로 30여 종이 발행되어 팔렸다.

일제시대 때 보급된 대중가요 엔카는 지금도 트로트로 계승되어 대중문화의 중심으로 사랑받고 있다. 엔카의 대부로 불리는 고가 마사오는 1904년 후쿠오카 현 오가와 시에서 출생해 1912년 홀어머니와 함께 인천으로 와서 인천공립심상고등소학교와 선린상업학교를 다녔다. 오사카로 돌아간 후 사망할 때까지 그녀는 4천여 곡의 엔카를 작곡하며 일제시대 대중음악을 선도했다. 고가 마사오는 세상을 뜨기 전 조선의 전통음악을 접한 경험을 "만일 내가 유소년 시절을 조선에서 보내지 않았다면 이러한 곡을 만들 수 없었을 것이다"며 자신의 음악에 조선의 감성이 스며들었음을 고백했다. 뽕짝 트로트는 엔카로부터 분화되었다.

문화는 융합이다. 서양으로부터 전래된 근대음악은 조선인과 일본인을 파고들며 새롭게 창조되며 대중의 가슴을 파고들었고, 그렇게 융합된 문화는 엔카와 트로트라는 양국의 문화 공감대를 만들었다. 엔카로부터 분화된 트로트, 트로트의 영향을 받은 엔카, 그렇게 그 시대 대중의 문화는 융합되고 창조되며 대중문화를 만들었다. 그 시대 대중음악을 이끈 "홍도야 울지마라"와 고복수, 남인수, 백년설을 사랑했던 대중이 우리의 근본이었다.

선교사와 조선총독부의 노력으로 그토록 자랑하는 한글은 대중의 문자가 되었다. 문자를 가진 대중은 문화 소비의 주체가 되었다. 백성의 피를 빨아 궁으로 무당을 불러들여 푸닥거리를 벌린 고종과 민비 같은 어리석은 군주보다, 대중에게 문자를 주고 문화 소비의 중심을 만든 조선총독부가 문명적이었다는 것은 부정할 수 없는 역사적 사실이다.

◇ 친일청산이 아니라 반공과 멸공이다

— 정문 최구섭

많은 사람들이 광복군에 대한 환상을 가지고 있다. 광활한 만주 벌판에서 백마를 타고 일제를 쓸어버린 용맹한 군인을 그리며, 조상 중에 만주에서 말 타고 독립운동 한 번 안 한 가문도 없는 것이 현실이 되었다. 그러나 광복군의 활약은 없었으며, 암울했던 식민지 시대 희망 없는 세월, 가슴속 욕망이 광복군이라는 환상을 만들어 놓았을 것이다. 언덕을 넘어오는 백마를 타고 질주하는 광복군은 암울한 시대 희망이었을 뿐 실체는 없었다.

그나마 독립군이라는 이름으로 만주에서 식민시대 초기 항일무장투쟁이 활발하게 전개되었으나, 청산리 대첩 후 독립군을 압박했던 일제를 피해 자유시로 갔고, 그곳에서 독립군은 러시아 주둔 조선 빨갱이 군대에 몰살을 당하며 근간이 뽑혀 버리다시피 참사를 당한다. 사실상 무장독립투쟁은 끝난 것이다. 이후 만주 일대에서 항일무장투쟁은 실종되었다 할 것이다.

북괴가 그토록 흉포하게 부풀린 '보천보 전투'는 항일무장투쟁이라기보다는 불만이 쌓인 군중 일부의 무장난동 정도의 수준이었다. 그 전과라는 것도 존재하지 않는다. 일본 정규군에 대한 공격도 아니고 순사 몇 명 있는 주재소에 난입한 정도이다. 또한 김일성은 당시 25살의 어린 청년에 불과했고, 조직화 된 군대를 지휘할 역량이나 또는 그만한 군대도 없었다. 보천보 전투는 김일성이 지휘한 적도 없고, 참전했다는 팩트도 찾아보기 어려우며, 참전했다 치더라도 무리 중 한 명 정도일 뿐이었다.

보천보가 부풀려진 것은 그만큼 항일전투는 전무했다는 방증이기도 하고, 항일무장투쟁에 대한 군중의 로망이 보천보 전투를 그토록 거대하게 부풀리게 했는지도 모를 일이다. 따라서 1930년대 이후에는 변변한 전투 한 번 벌어진 적이 없다는 것이 역사적 팩트이다. 미국과 전면전을 치르는 일제를 상대로 무장투쟁은 엄두도 낼 수 없는 일이었고, 당시의 역량으로는 불가능했던 것도 사실이고, 일제에 군사적 위협이 되지도 않았다.

김구가 형님으로 부르던 장제스의 도움으로 광복군은, 1939년 창군 된 한국독립당 당군을 기반으로 충칭에서 1940년 결성되었다. 그러나 초급장교 30여 명으로 출발한 광복군은 사병 없는 군대였다. 1942년 조선의용대 중에서 화북으로 가지 않은 김원봉과 함께 잔류한 300여 명이 흡수되면서 군대로서 골격을 갖추었다. 결국 몇백 명 수준의 군대, 즉 민병대 수준을 벗어나지 못하다가 해방을 맞이하고 해산된다.

해방 직전 장준하, 김준엽을 비롯한 수십 명이 OSS 훈련 후 연합
군에 편입되어 한반도 상륙작전을 기도하지만, 히로시마 원자폭탄에
넋이 나간 일왕의 항복으로 국내 진공 작전은 수포로 돌아갔다. 설혹
국내 진공이 이루어졌다 해도 광복군의 활약은 기대할 수 없었을 것
이다. 그나마 독립군은 실전을 통해 군대의 모습을 갖춰 갔으나, 광
복군은 실전 경험 또한 미비했다.

대한민국 건국 후 창군에 있어 광복군이 주축이 되지 않고 친일
파가 장악했다고 좌파진영 또는 빨갱이들은 악을 쓰기에 바쁘다. 그
러나 광복군은 창군을 주도할 수 있는 실력이나 역량이 되지 못했다.
당시 미국과 전면전을 벌인 일제의 최고 군교육 시스템에서 체계적
인 군사교육을 받은 엘리트들이 창군을 주도할 수밖에 없었던 이유
이기도 하다. 군대는 싸우면 이겨야 하는 집단이며 효율이 생명인 군
대이다. 패배하면 모두가 죽어야 하는 집단에서 명분과 가치는 나중
의 문제이다. 현실과 실질이 근본이 되어야 하는 집단이다. 6·25사
변 중에 학도병의 활약이 회자되나, 광복군 출신 군인이 두각을 나타
냈다거나, 광복군 출신이 6·25사변에 참전하여 활약했다는 소식도
없는 것으로 보아, 광복군 존재 자체가 미약하다는 방증이기도 하다.

북괴의 괴뢰군 창군에 있어 공군과 같은 특수병과의 지휘관은 모
두 일제 출신 인사가 장악했고, 철도와 같은 특수분야 또한 일제 출
신 기술 관료가 장악했다. 북괴 또한 공군이나 철도의 운영에 대한
지식이나 기술이 전무 하다시피 했고, 일제의 교육을 받은 전문인력

을 등용할 수밖에 없었다. 일제가 건설한 수력발전소가 아직도 북괴의 전력발전의 80%를 차지하고 있다. 일제의 잔재를 아직도 소중하게 쓰고 있는 북괴이다.

아직도 빨갱이들은 친일을 팔아먹는다. 독립운동에 있어 일제보다 더한 악독한 적은 빨갱이들이었다. 빨갱이들은 모든 독립단체에 스며들어 분열을 획책했고, 독립군의 뿌리를 통째로 뽑아 버렸다. 그래서 김구도 백범일지에 빨갱이라면 이를 간다. 장준하도 빨갱이라면 몸서리를 쳤다. 여전히 빨갱이에 의해 2천 5백만 민족이 지옥에서 참혹한 삶을 살고 있다. 독립군을 몰살시킨 그 빨갱이들이 인민을 착취하고 민족을 분열시키고 있다. 여전히 반공이 우리에게 국시인 이유이다.

◇ 독도새우를 창조한 찌질한 정권

- 정문 최구섭

트럼프 대통령 만찬상에 올린 독도새우가 화제이다. 영유권 다툼이 있는 독도 문제를 상기하자는 취지는 공감하나, 그 방법에 있어 옹졸한 한국인의 습성을 보게 되고 치졸함까지 느끼게 되어 씁쓸함이 앞서게 된다.

독도새우라는 새우는 세상에 존재하지 않는다. 우리나라 동해 바다에는 꽃새우와 닭새우 2종류가 잡힌다. 그 중 꽃새우를 독도새우라고 해서 만찬상에 올린 것이다. 없는 새우 이름까지 만들어 정신 자위질까지 해야 하는 옹졸함이 부끄러울 뿐이다.

독도에 대한 정당한 영유권은 국가의 모든 자존심을 걸고 다투어야 하나, 새우를 국빈을 맞이하는 만찬상에 올려 독도새우라고 어거지를 부려야 직성이 풀리는, 그것도 우리나라 방문 전 일본을 방문한 트럼프 대통령 만찬상에 말이다. 더구나 위안부 할머니까지 불러 트럼프에게 동네 양아치 새끼가 어디서 두들겨 맞았다고 형님 찾아 징징거리듯 부담을 주어야 속이 풀리는 문재인 수준이 가소롭다.

한국과 일본을 최우방으로 생각하는 트럼프 입장에서 어떤 생각을 가졌을까? 아마도 너희는 그래서 소국이라는 비아냥을 하였을 것 같다. 귀신고래를 독도 고래로 만들어 통째로 만찬상에 올린들, 남태평양 전선에서 전사한 일본에 징용된 한국인 시체를 올려놓은들, 트럼프가 이러니저러니 해야 할 아무런 이유가 없으며 관심도 없다.

그것은 어디까지나 한국과 일본의 문제일 뿐이다. 더구나 미국은 일본에 원폭까지 투하하며 대한민국을 독립시켜 준 당사자로서 한일 간의 분쟁에 끼어들어야 할 아무런 이유가 없다. 독도 새우를 뜯으며 트럼프는 우리에게 "에라이 못난 놈들아"라고 한마디 했을 것 같다.

좌파들은 그간 한국인이 가진 열등의식과 찌질한 민족성에 기반한 반일 정신병을 자극하여 지지 세력을 넓혀왔다. 식민지가 된 책임의 첫 번째는 우리 자신에게 있다. 지지리 못난 민족성과 밥그릇 싸움질하느라 나라를 잃은 것이다. 식민지가 된 첫 번째 잘못은 우리에게 있다. 그 잘못과 민족성은 아직도 계속되고 있다.

과거로부터의 반성 없는 미래는 존재하지 않는다. 감정이 앞서 일본을 죽어라 욕해 본들 열등하고 못난 조센징의 어깃장에 불과하다. 그렇게도 조센징이 되고 싶은가 묻고 싶다. 좁은 땅덩어리에 살다 보니 좀스러운 민족성을 가졌다는 말을 들어야 하겠는가 말이다.

일본은 미국을 상대로 전쟁을 하였고, 당시 항공모함만 10척을 넘게 가진 군사 대국이었다. 동학혁명은 결국 일본군의 합법적인 한반도 주둔을 불러왔고, 의병 활동이라야 곡괭이와 낫이나 들은 한심한 수준의 전력이었으며, 그토록 자랑하는 광복군도 수백 명에 불과한 민병대 수준이었다. 한반도는 일본이 아니더라도 당시의 열강들에게 식민지가 될 수밖에 없는 운명이었다. 러시아가 조선을 먹었다면 공산당 빨갱이에게 킬링필드가 만들어졌을 것이다.

미국이 투하한 원자폭탄이 없었다면 대한민국의 광복은 없었다. 그리고 미국은 한일간의 분쟁에 관심이 없다. 한국과 일본을 최우방으로 생각하는 미국으로서는 오히려 당사국이 화해를 해서 잘 지냈으면 할 뿐이다.

일본은 미국에 패전했고, 인류역사상 처음이나 마지막인 원자폭탄 피폭 국가이다. 어쩌면 우리가 일본에 가진 반발심 이상을 미국에 가지고 있을 수도 있는 나라이다. 그러나 일본은 독도 새우와 같은 치졸한 짓거리를 하지 않는다. 그래서 일본은 우리보다 우월한 국가인 것이다. 최소한 일본은 우리보다 우월한 국민성과 국가시스템을 갖추고 있고 높은 공중의식은 우리가 넘어설 수 없는 선진국이다.

썩어빠진 딸깍발이 선비정신을 거두어 내고자 그토록 박정희 대통령은 노력했지만, 개돼지 수준의 국민은 아직도 냄새나는 딸깍발이 선비의 봉건 잔재를 버리지 못하고 있으니 한심할 뿐이다.
에라이! 조선의 딸깍발이 등신 선비 새끼들아!!

◇ 친일파라는 만능무기

- 정문 최구섭

어쩌다 어느 후손이 조상 땅 찾기를 하여 조상의 땅 일부가 발견되었다. 그러나 발견된 땅은 하천부지 등으로 인해 가치가 얼마 되지 않는 땅이었다. 그나마 국가 소유로 되어 있거나, 또는 조상의 이름으로 되어 있어 소송을 통해 찾기는 했지만, 재판비용과 땅 가치가 비슷하여 실익이 없는 상태였다. 후손은 어렵게 왜정 때 작성된 토지조사부를 찾아내어 조상의 이름이 올라 있는 땅을 찾아내어 상당한 토지가 기록되어 있는 것을 발견하였지만, 가치가 큰 땅은 이미 수십 년 전 또는 육이오 사변 이후 다른 사람의 소유로 등기가 이전되어 있었다.

후손은 그러한 자료를 가지고 필자를 찾아와 조상 땅을 찾을 수 있는 방법에 대하여 상담하였다. 그러나 이미 제삼자에게 취득이 되었고, 소유권도 몇 번이나 이전되어 있어서 그것을 찾는 것은 현행법상 불가능했다. 그래서 그 토지는 과거 조상님의 땅이 맞지만 현행법상 땅을 되찾을 가능성은 없다고 대답했다.

후손은 화가 머리끝까지 올라 필자가 실력이 없는 사람이라며 면박을 주고 고성을 지르는 등 더 이상 상담 진행이 불가능하였다. 평상시 몇 번 필자에게 일을 맡겨 안면이 있었고 점잖은 사람이라 생각했는데, 그날은 영 딴판의 사람이 되어 있었다. 하기야 수십억 수백억의 재산이 걸린 문제고, 하루아침에 로또복권 몇 번 맞은 것처럼 들떠 있으니 순간적으로 화를 내는 것도 무리는 아니라고 생각했다. 그래서 잘 달래 보내려 했지만, 끝내 필자에 대하여 모진 소리는 물론이고 "친일파가 장악한 세상"을 입에 올리며, 필자도 같은 사람이라고 인신공격까지 했다. 이승만 대통령과 박정희 대통령까지 입에 올리며 친일파 타령을 하는 지경에 이르자 필자는 소리를 질러 더 이상 상담하지 않겠다며 내보냈다.

그러고 몇 개월 시간이 지나 그 후손은 필자를 다시 찾아왔다. 법조 브로커를 만나 몇백만 원 돈도 날렸고, 변호사를 찾아다녀 보았으나 부동산 등기에 대하여 제대로 아는 변호사도 만나지 못했고, 만난다고 하더라도 후손의 입맛에 맞게 이야기를 해줄 리 만무했다. 변호사는 부동산 등기와 소유권 관련 법률업무가 주 업무가 아니어서 미숙한 변호사가 대부분이다. 아무리 친일파 문제라도 선의로 토지를 취득한 제삼자의 재산권을 박탈할 수 없는 것이며, 현재 토지 소유주들이 친일파라는 증거도 없지 않느냐고 했다. 헌법이 바뀌지 않는 한, 혁명이 일어나지 않는 한, 불가능하니 빨리 잊는 것이 좋을 것이라 설득했지만, 후손은 안하무인 떼를 쓰는데 대책이 없었다.

결국 또다시 친일파 문제가 불거졌다. 그 후손에게, 국가의 의무 중 가장 큰 의무는 개인의 사유재산을 지켜주는 것이 제일 큰 의무이다. 누가 어떻게 취득을 하였든 간에, 시효취득이나 선의취득이라는 것이 있기 때문에 법률적으로 이상이 없고, 부동산 등기라는 제도를 통해 국가로부터 소유권을 확인받은 재산권이 반세기 이상 지속된 재산은 국가가 소유자의 재산을 지켜주는 것이 옳다고 설득에 설득 하였지만, 후손은 게거품을 물며 필자까지도 친일파라고 소리 질렀다. 현재 토지 소유주도 모두 친일파 후손이며, 친일파 박정희와 친일파가 망쳐 놓은 나라라며 난리를 피웠다.

대화도 상담도 될 수 없어 사무실에서 나가라고 해도 버티고 앉아 대책 없는 소리만 하였다. 떼를 쓰는 것도 정도가 있다 싶어 필자도 불같이 화를 내며 소리를 질렀고, 나도 친일파이니 독립투사라도 만나 상담해 보라고 했다.

그 후손의 조상은 구한말 이씨 왕가(나는 구한말 왕조는 왕으로 치지 않는다. 그냥 이씨 왕가 수준으로 폄훼한다. 그렇게 욕 처먹어도 된다)로 장가를 가서 이 왕가로부터 땅을 받은 사람이었다. 왕의 후손이라면 최소한 일제에 항거하여 한 명이라도 순국하거나 자살이라도 했으면 필자의 마음은 편할 것이지만, 이 왕가는 철저하게 일제가 주는 밥을 먹으며 호의호식했고, 일제를 미화하는 전리품으로 이용되었다. 필자는 후손에게 왕가에서 내려준 땅이면 결국 조선 백성의 땅이고, 조선 백성이 오늘날까지 이어져 왔으니 억울할 것도 없지 않으냐고 하자, 후손은 결국 필자에게 친일파 자식이라며 감정이 폭발했다. 결국 주변 사람이 뜯어말려 내보내다시피 했다.

어쩌다 친일파 타령이 만능이 되었을까. 특히 빨갱이들에게 친일파 타령은 도깨비 방망이와 같다. 친일파 타령에서 남한이나 북한이나 쌍둥이다. 인간 개백정 김정은 공화국이 주민은 개 돼지와 같은 비참한 생활을 하고 있음에도 늘 친일파 타령으로 정의로운 척한다.

대한민국에서는 야권을 비롯한 좌파, 빨갱이에 이르기까지 허구한 날 친일파 타령으로 날밤을 새운다. 모든 문제와 핑계를 친일파 타령으로 합리화시킨다. 노무현 또한 주렁주렁 친일파 후손을 데려다 놓고 역사바로세우기 코미디를 연출했고, 국정교과서 문제로 시끄러울 때 여지없이 민주당은 친일파 타령을 앞세웠다. 민주당에는 일제 당시 최고 고위직인 중추원 참의의 자식이 버젓하게 국회의원 노릇까지 하고 있는데 친일파 타령이다. 어떻게 저토록 뻔뻔할 수 있을까 살이 떨릴 지경이다.

친일파 타령만 하면 모든 것이 무죄가 된다. 모든 핑계는 친일파 타령만 앞세우면 그 어떤 무법이라도 용서가 된다. 참 편리하게 처먹고 사는 개 같은 세상이다.

◇ 에도시대의 난학(蘭學)

- 정문 최구섭

민주주의(民主主義), 자유(自由), 권리(權利), 개인(個人), 공화국(共和國), 인민(人民), 국민(國民), 공산주의(共産主義), 좌익(左翼), 우익(右翼), 문화(文化), 문명(文明) 계급(階級), 운동(運動), 의식(意識), 유물론(唯物論), 철학(哲學), 예술(藝術), 사회(社會), 복식부기(複式簿記), 보험(保險), 야구(野球), 유격수(遊擊手), 화학(化學), 물리(物理), 생물(生物), 과학(科學), 산소(酸素), 수소(水素), 질소(窒素), 탄소(炭素), 백금(白金), 원소(元素), 금속(金屬), 산화(酸化), 환원(還元), 용해(溶解), 시약(試藥), 세포(細胞), 속(屬), 압력(壓力), 온도(溫度), 결정(結晶), 비등(沸騰), 증기(蒸氣), 분석(分析), 성분(成分), 물질(物質), 법칙(法則), 동맥(動脈), 정맥(靜脈), 신경(神經), 연골(軟骨), 생식기(生殖器) ……

나열된 단어들은 아마도 현대 과학 및 인문학에 망라되는 핵심 키워드일 것이다. 이 모든 단어는 일본이 조선에 가르쳐준 것이다. 중국인들은 스스로 중화인민공화국(中華人民共和國)이라고 자신을 칭한다. 중국은 일본에게 문자를 가르쳐 주었다고 생색내자, 일본은 너의 국명 중 너의 말은 중화(中華)일 뿐이고, 인민공화국(人民共和國)은 우리가 가르쳐 준 말이라고 되받아친다. 한자의 종주국인 중국조차 일본이 만든 인민공화국을 가져다 붙였고, 북괴도 인민공화국을 가져다 붙여 주체사상이라는 사기를 치고 있다.

일본의 식민지배 이전 우리는 자유와 민주주의, 철학과 예술, 산소와 수소, 동맥과 정맥이라는 개념조차 없었다. 봉건국가의 선비가 아는 말은 개도 안 물어 갈 공자와 맹자뿐이었다. 처세술에 불과한 유학의 학문 수준에서 인간 본성에 대한 성찰, 자유와 이성, 인간의 가치를 설파한 서양철학은 돼지 목에 진주목걸이에 불과했을 뿐이다. 종기가 나면 호랑이 호자(虎)를 쓴 종이를 붙이는 수준의 의학이 동맥과 정맥의 개념을 알 수 없었다. 미개했던 조선에게 현대 사회로 가기 위한 사상과 지식은 일본이 우리에게 가르쳐 준 것이었고, 반일족들에게는 불행하게도 일본은 우리의 스승이었다.

에도시대 일본의 무역을 독점하였던 네덜란드(화란 和蘭)를 통해 수입되었던 서구문물과 학문은 역사 변혁의 거대한 폭풍을 일으켰고, 이를 "난학(蘭學)"으로 집대성하였다. 당시 난학의 열풍으로 일본 전역에 2천여 개의 민간 난학연구소가 생겨났다. 그래서 서구 선진문물을 배우기 위해서는 유입된 모든 학문과 지식을 일본말로 번역부터 하여야 했다. 난학의 요체는 곧 번역이라 해도 무방했다. 그래서 탄생한 말들이 민주, 자유, 동맥, 정맥, 산소, 수소 등이었다.

현재까지도 외국의 최신 서적을 번역하기 위하여 일본이 가르쳐준 말과 개념이 없다면 번역이 불가능하다. 현재 우리가 배우고 익히는 학문과 지식의 핵심 키워드 99%는 난학을 번역하며 일본인이 만들어 낸 말과 개념이다.

탈아론, 즉 아시아를 벗어나 서양을 닮아야 한다를 주창했던 후키자와 유키치는 일본 근대화의 아버지이다. 후키자와 유키치는 세 번에 걸친 유럽과 일본을 여행하고 수학하였다. 그리고 귀국하여 스스로 상투를 자르고 게이오 대학을 설립하며 조국의 문명개화를 위해 일생을 바쳤다. 후키자와 유키치는 120여 권의 서양 책을 번역한 당대를 아울렀던 대표적인 난학자였다.

아편전쟁에서 처절하게 영국에게 패하며 드러난 청나라의 미개함은 전 세계의 웃음거리였다. 청은 서양의 충만한 양기와 영국 군대가 가진 첨단화포의 화(火)를 막기 위하여 여자의 오줌을 동원했다. 군대를 동원하여 여자의 오줌을 모아 성벽에 뿌렸다. 상국이라고 믿었던 저런 청나라 수준을 보며 후키자와 유키치는 탈아론을 외칠 수밖에 없었다. 생존을 위해서는 미개한 청나라와 조선이 아니라, 서양이 될 수밖에 없었던 것이다.

일제가 지배를 시작했던 1912년도 우리나라의 평균수명은 40세에 미치지 못했으며, 인구는 1천6백만여 명이었다. 식민시대를 거치면서 공중보건이 보급되면서 위생의 가치를 깨달았으며, 서구식 경제 제도의 이식으로 경제가 발전하여 영양상태가 개선되면서 평균 신장이 괄목하게 커졌으며, 1948년에는 인구가 3천만여 명으로 늘어났고, 평균수명은 48세로 늘어났다.

임진왜란을 거치며 수많은 도공이 일본으로 건너갔다. 포로로 끌려간 백성을 송환하기 위하여 조선 관리가 일본 현장에 나타나면 도공들은 산으로 도망가 버렸다. 포로로 끌려간 도공 중 극소수만 조선에 돌아왔다. 조선으로 돌아가 보아야 다시 수탈 대상이 될 뿐이었다. 조선의 도공을 사무라이로 깍듯하게 대접하며 사회적 지위와 부를 주었던 일본을 떠나 못난 선비의 지옥으로 가야 할 이유가 없었다. 일본은 에도시대 조선의 도공이 전수한 도자기 기술을 창조적으로 발전시켜 일본의 도자기를 만들었고, 유럽에 수출하여 일대의 센세이션을 일으켰다. 일본이 유럽에 수출한 청화백자는 화려함과 미적 가치, 기술적 완성도는 조선의 백자와는 수준 자체가 달랐다. 즉, 조선의 싸구려 백자가 아니었다. 그렇게 벌어들인 돈은 메이지 유신의 시드머니가 되었다.

조선은 화려했던 고려청자가 퇴보하고 백자가 발전한다. 상품성이 없는 백자가 발전한 이유는 못난 선비 유교 탈레반은 상업을 증오하며 천시하였고, 오로지 짱깨와 공자 맹자 똥구멍 빠는 것을 최고의 영광으로 생각하였다. 중국과의 조공무역 외에는 일체의 외국과의 교역을 금지했다. 청자를 만드는 안료인 코발트는 서역의 특산물로서 매우 비싼 교역품이었다. 상업이 융성했던 고려시대는 대량의 안료가 수입되어 화려한 고려청자를 꽃피웠다. 그러나 못난 선비의 나라 조선은 유교 탈레반의 밥그릇만 소중했고, 비싼 안료에 투자할 마음이 없는 우물 속의 나라였다. 이것을 두고 못난 선비의 단아한 정신이 백자로 표현되었다고 정신승리 자위질 하는 멍청이들이 있지만, 청자를 만들 기술자도 없었고, 현실은 안료를 살 주제도 못 되는 거지나라 조선이라는 것이 역사적 팩트이다. 일본어의 뿌리는 조선 말이었다고 주장하는 정신승리 자위질까지 있었으니, 그래서 조센징일 수밖에 없었다.

식민시대를 거치면서 조선에 근대식 교육과 학교가 보급되었고, 90%에 이르렀던 문맹률은 해방 이후 대폭 줄어들었다. 일제가 전수한 현대식 교육은 현재까지 원형 그대로 실시되고 있고, 일제 시대 갖추어진 교육 내용과 커리큘럼은 현재까지 그 원형을 유지하고 있다. 일본은 메이지유신 후 문명개화를 위한 대대적인 국민교육을 시행했다. 따라서 일본은 교육자에 대한 국가적 지원과 위상은 각별할 수밖에 없었고 유능한 인재들이 국민교육에 참여하였다.

박정희 대통령은 일제 사범학교에서 수학하였고, 교사로 재직하며 현대교육의 가치를 깨달았다. 그렇게 일본이 습득한 현대교육의 가치와 일본을 통해 전래된 우수한 서구세계의 문명은 박정희 대통령에게 고스란히 흡수되었다. 그리고 그 문명은 5.16을 통하여 우리에게 접수되었다.

◇ 문재인은 또 반일 전쟁인가

– 산동거사 오병규

　　나는 비단 문재인 정권뿐 아니라, 진보 보수를 막론하고, 수십 년 전부터 이 땅의 최고지도자들은 권좌에 오른 뒤 국정을 살피는 과정에서 실정(失政)이 드러나면 반일 감정을 부추겨 개돼지들을 선동하는 반일(反日) 프레임을 만든다고 주장했다. 그래서 어쩔 수 없이 일본을 제대로 알고 그들과 선린관계를 유지해야 한다는 졸문(拙文) 『어쩌다 나카사키 짬뽕』이라는 책자까지 냈었다.

　　그런데 문재인은 여느 정권과 달리 정권을 잡기 전부터 프레임을 닦고 조이고 기름칠한 연후에, 그 속으로 개돼지들을 호도하고 선동하여 몰아넣은 뒤, 정권을 잡은 특이한 존재였다. 그것으로 만족하고 새로운 한일관계의 패러다임을 만들어 나갔다면 역대 어느 정권보다 빛나는 정권, 추앙받는 최고지도자가 됐을 것이다.

　　삽살개. 북쪽의 괴뢰놈들이 단어나 용어 하나는 기가 막히게 만들어 내거든. 어떻게 문재인이 취임하자마자 이런 단어를 적용시켰을까? 이런 점에 관한 한 놈들이 경외(敬畏)스럽기까지 하다. 개의 습성을 보면 제 밥그릇 절대 양보 안 한다. 어떤 못된 개는 제 밥그릇을 만지기만 해도 으르렁거리고 밥을 주는 주인도 물어 버린다. 그게 개새끼들의 습성이다.

문재인 정권이 다른 정권과 달랐던 것은, 특이하게도 반일(反日) 감정만으로 태어난 정권이라는 점이다. 그는 후보 시절부터 위안부 문제, 소녀상 건립을 이슈화하며 반일 감정을 불러왔고, 전 정권 박근혜 대통령을 탄핵으로 몰고 간 것도 최순실과의 국정농단을 이유로 삼았으나, 기실은 반일 감정의 소산물로 태생시킨 정권이라는 점이다.

그쯤 했으면 된 것이다. 더 이상 반일 감정을 우려먹지 말았어야 했다. 막상 취임하고 보니 정치, 정권이라는 게 녹록하지 않았을 것이다. 더구나 분단국가의 국민이 가장 염려하는 국방 문제에 있어서는 아예 적에게 빗장을 열어주고 담장도 허물어 준 꼬락서니가 되어 버렸다. 더하여 경제는 수습할 수 없을 만큼 개판이 되어 버린, 그야말로 국정의 농단이고 최대 실정(失政)을 저질렀다.

본전 생각이 아니라 옛날 아름다웠던 추억, 그것으로 권좌에 올랐던 기억들이 새록새록 돋아난 것이다. 한쪽 구석에 처박아 두었던 반일 프레임을 냄새나는 입으로 호호 불고 땀으로 가득한 더러운 손으로 대충 문지르고 다시 집무실 책상에 곧추세우고 개돼지를 선동한 것인데, 불행히도 그 선동질이 이 땅의 개돼지들에게는 통했을지 모르지만, 1965년 한일협정 이래로 수십 년 당해온 일본의 화를 불러일으킨 게 오늘의 한일전쟁인 것이다.

일본은 '보복'이라는 단어를 썼다. 그런 것을 굳이 '전쟁'이라고 명명한 것은 삽살개 정권이었다. 어떤 보복이든 보복은 하다가 곧 중지할 수 있는 상태다. 싸움으로 치면 국지전 또는 전투쯤 될 것이다. 그러나 전쟁은 둘 중 하나는 KO가 되거나 항복해야 끝이 난다. 일본은 약간의 보복으로 어느 정도 혼을 내주거나 항의하는 수준에서 끝내려 한 것을 전쟁으로 격상(?)시키고 선전포고를 한 것은 삽살개 정권이었다. 그래서 전쟁이 쉽게 끝나지 않는 것이다.

오늘이 그날이다. 일본 정부가 예정대로 각의를 열어 한국을 화이트리스트(전략물자 수출심사 우대국)에서 제외할 것이라고 통보한 그 날 말이다. 전쟁의 막바지라고 할까? 항복이냐 확전이냐? 그러나 그 어느 것도 삽살개에게는 선택권이 없다. 문제는 종전(終戰)을 하던 확전(擴戰)을 하던 일본의 의지나 의사만 남아 있을 뿐이다.

아! 골 때린다. 그동안 이래저래 속이 상해 삽살개를 비롯한 위정자 놈들을 까고 씹고 했지만, 그래 본들 이 땅의 억조창생은 어찌 되란 말인가? 까고 씹은 놈들이 물러난다 해도 망가지고 피폐(疲弊)해진 이 나라는 또 어쩌란 말이냐? 까고 씹고 했지만 그래도 아직 살아 있는 권력이 아니던가. 그 알량한 권력을 유지하는 데 힘쓰지 말고 전쟁에 이기기를 바랐다.

그런데 어디 갔나? 삽살개가 보이지 않는다. 이순신을 앞세우고 거북선 횟집에서 회를 쳐 먹고, 이순신 장군의 첫 승지를 찾아 개돼지들을 독려하던 그 기세 그 용기는 어디로 가고 사람마저 보이지 않는다. 구원군을 구하러 간 사신이 돌아왔으나 빈손으로 돌아왔다. 구원군이 있어도 7년간은 전쟁에 밀렸다.

국방이 위태로워 방어벽을 더 쌓아야 한다고 조언을 하면 '전쟁을 하자는 말인가?' 라며 수십 년 전의 앵무새 발언이 아직도 반복되고 있다. 주적과의 전쟁은 불가하고 일본과의 전쟁은 괜찮다는 말인가? 모든 일을 이 지경으로 만든 장본인 삽살개는 지금 어디 있는가? 가장 친한 벗 똥돼지의 땅으로 몽진(蒙塵)이라도 간 것인가? 선조가 그랬었다. 이순신을 전장으로 보내 놓고 북쪽으로 도망쳤다.

무엇보다 이순신 장군께서는 승리를 가져오고 장렬(壯烈)히 전사를 하셨다. 일본과의 전쟁에서 승리를 하려면 삽살개 한 사람만 장렬히 전사하면 된다. 산 목숨 억지로 끊으라곤 않겠다. 항복이 곧 장렬이다. 삽살개 당신 한 사람의 장렬한 희생(항복)이 풍전등화(風前燈火), 백척간두(百尺竿頭)의 나라를 살리고 아비지옥(阿鼻地獄), 도탄지고(塗炭之苦)에 빠진 억조창생을 살린다.

◇ 위안부 합의의 다수결

- 산동거사 오병규

위안부 합의 당시 생존 위안부 할머니는 46명이었다. 그 중 34명은 '화해·치유재단'이 배상금 성격으로 지급하는 1억 원을 받겠다고 신청했고, 이 중 31명은 두 번에 나눠 이미 전액을 지급받았다. 예상보다 많은 숫자로 의미가 있다. 그런데 이 보도 자료는 푸대접을 받았다. 국민 정서에 맞지 않아 쓰기 싫다는 기자도 있었다.

합의를 거부하는 할머니들이나 단체의 의견도 중요하지만, 고민 끝에 합의를 받아들이기로 결정을 내린 할머니들의 선택도 존중받아 마땅한 것 아닌가. 46명 중 34명이 배상을 끝으로 더 이상 이 문제를 거론하지 말자는 뜻이다. 나머지 10여 명의 할머니를 앞세워 소동을 피우는 것이 문제다. 단 한 명이 남을 때까지 정치적으로 악용하려는 세력 아니면 사회운동을 빌미 삼아 그 문제에 빌붙어 빌어먹는 세력이 존재하기 때문이다. 어째서 무엇 때문에 이토록 과거사에 천착하고 함몰이 되어 양국 간의 관계를 저해하는지 이젠 우리가 그 해답을 내놓아야 할 때가 아닐까?

생존 위안부 할머니 46명 중 34명이 배상을 받아들이기를 원했고, 그 가운데 31명은 수령을 해갔다. 위안부 합의는 이미 끝났었다. 그 뿐인가, 100억이라는 금액은 별도로 위안부 할머니들을 위한 '화해·치유재단' 설립을 목적으로 일본이 보내 왔다.

10여 명은 처음부터 삽살개의 꼼수에 넘어갔고, 34명이 신청한 가운데 31명만 수령하고 나머지 3명은 삽살개의 정치 계산에 의한 설득에 넘어갔을 것이다. 여명이 얼마 남지 않은 할머니들을 꼬드겨 정치자산으로 삼고, 그것으로 대통령이 된 놈들이 다수결을 부정하는 것이다.

46명 전원이 합의 않았더라도 74%가 찬성을 하고 합의해 주었던 것이다. 40% 문재인 지지율? 그것도 조작된 지지율에도 누런 이빨 드러내고 희색이 만면한 삽살개에 비하면, 가공할 만큼 놀라운 다수결이 아니었던가?

백날을 얘기해 봐야 소용없다. 삽살개를 몰아내고 새 세상이 오기 전에는 저따위 말도 안 되고 허무맹랑한 아가리를 놀리는 모리배들이 판을 칠 수밖에 없다. 민주주의로 당선된 자들이 앞장을 서서 민주주의를 부정하고 파기하는 개수작을 벌이고 있다.

그런 놈이 권력의 최고 명문의 대학교수라니, 그것도 법치(法治)를 가르치다 권력의 똥구멍을 핥아주며 실질적 2인자가 된 놈이라니, 그런 자가 조만간 법무부 장관이 된단다. 더하여 이번 일본과의 전쟁을 부추기는 개GR을 여전히 전면에서 하고 있다. 이게 바로 삽살개 정권의 전말(顚末)이다.

◇ 친일(親日)을 하자!

– 산동거사 오병규

누가 나더러 세상에서 제일 싫고 미운 것 다섯 가지를 고르고 순서대로 나열하라면 뱀. 쥐, 일본, 북괴, 중국이라고 표현하겠다. 뱀, 쥐를 빼면 우연히도 나라들이다. 그러나 지금은 생각이 바뀌었다. 일본이 빠지고 남쪽의 자생적 빨갱이들, 그 중에서 소위 386세대의 전향(轉向)하지 않은 새빨간 빨갱이들을 일본 대신에 배치하고 싶다.

연암 박지원의 열하일기(熱河日記)는 당대에 센세이션을 일으켰다. 그는 황제의 나라 청나라 요지를 여행하면서 당시로선 선진문물과 생활관습 등 전반을 객관적으로 기술하며, 조선이 배워야 할 것과 버려야 할 습관 등을 비판하며, 그야말로 진보적 시각으로 열하일기를 썼다.

나는 가끔 주입식 교육이 얼마나 끔찍한 결과를 초래하는지에 대해 스스로 놀랄 때가 많다. 사물(事物)을 관조(觀照)할 때 객관(客觀)과 주관(主觀)이 있다면, 객관적 판단은 역지사지(易地思之)와 일맥상

통하는 반면에, 주관적 판단은 왠지 일방적이고 오만과 편견으로 비친다. 즉, 주입식 교육이야말로 주관적 판단만을 강조함으로써 상대에 대한 양보나 배려가 없는 폐단을 초래한다는 생각이 드는 것이다.

40대 초반이었으니 지금으로부터 대충 30년 좌우, 그때만 해도 여행 자유화가 아니었기에 해외를 나가려면 신원조회를 거쳐 어렵게 여권을 발급받아도 소위 소양(素養) 교육이라는 것을 받아야 했었다. 어쨌든 그 어려운 관문을 뚫고 첫 방문지가 엉뚱하게도 지구 반대편 남미하고도 칠레였다. 나는 그곳에서 북한 사람을 처음 만났으며, 일부러 북한관을 찾아가 족자 그림을 구입했다. 지금도 그 그림은 집안의 벽 한쪽을 장식하고 있다. 주입식 반공교육을 철저히 받았던 나로선 그때까지 북한 사람은 뿔난 도깨비는 아니더라도 괜히 차갑고 까칠하고 상종 못 할 사람들로만 알았다.

나는 일본을 세 번 다녀왔다. 오사카, 도쿄 그리고 후쿠오카다. 물론 유람이 아닌 보따리 장사차 갔었다. 머나먼 칠레를 첫 방문지로 삼았다면, 가장 가까운 일본은 많이 늦은 감이 있다. 이 역시 주입식 교육 탓이다. 일본이 싫었고 왠지 가면 불이익을 당할 것 같은 그런 선입견 때문이었다. 그래서 망설였다. 당시 일본인 회사와 거래를 하면서도 그런 선입견을 버릴 수 없던 차 용기를 내어 갔었던 게 내 친일(親日)의 자산이 되고 명분이 되었다.

이웃 나라와 친(親)하자는 게 나쁜가? 일본을 숭배(崇拜)하자는 숭일(崇日)이나 무조건 따르자는 종일(從日)을 하자는 게 아니다. 그런데도 친일을 하자면 '토착왜구'라는 굴레를 씌우는 게 정상적인 사고(思考)를 가진 나라인가?

일본 현지에 도착하기 전까지는 이미 밝혔지만 뱀, 쥐 다음으로 일본과 일본인들을 싫어했었다. 일본은 무조건 배척하고 미워해야 하는 나라라고 국민으로서 배워 왔기 때문이다. 그저 배운 데로만, 알고 있는 데로만 생각했기 때문이다. 연암 선생이 청나라를 가보지 않았다면 주옥같은 『열하일기』는 탄생하지 않았을 것이다. 연암 선생은 현지에 당도하여 보고 살핀즉, 오랑캐만의 나라가 아닌 그들의 문물과 문명을 이 땅에 소개했던 것이다.

일본에 처음 갔던 첫날 밤 거나하게 취한 눈으로 그들의 새벽길을 고층의 호텔 방에서 내려다보며 무서울 정도로 지켜지는 질서에서 나의 마음이 무너지기 시작했었다. 아! 이런 건 배워도 좋을 정말 괜찮은 나라고 민도(民度)였다. 그리고 얼마를 지난 뒤 일본과는 정말 친해야겠다고(親日) 생각한 운명적 사건이 국내하고도 부산에서 벌어졌다.

그 때의 소회(所懷)를 표현한 게 있어 일부 옮겨 본다.
부산 사격장 화재로 목숨을 잃은 일본인 유족들의 모습이 간간이 TV 화면에 비춘다. 만약 그와 똑같은 사고가 일본에서 일어나 우리나라 사람이 희생되었다면 어땠을까? 유족들이나 주재국의 외교관들이 과연 그토록 절제되고 침착한 대응을 할 수 있을까? 통곡은 고사하고 일왕이나 총리더러 사죄하라며 악을 쓰지 않았을까? 방성통곡을 하며 살려내라고 난장을 부리지는 않았을까? 죽음을 미끼로 한 푼이라도 더 받아내겠다며 시신운구를 거부하지는 않았을까? 거의가 그랬을 것이고, 그렇게 행동들을 했을 것이다

우리나라의 어리석은 안전불감증에 영문도 모른 채 졸지에 희생당한 일본인의 유족들은 대성통곡 대신 슬픔을 냉정할 정도로 인내하는 모습에 나는 진심으로 '일본이 존경스러웠다.' 그런 유가족들의 슬픔을 달래기 위해 이 나라의 총리가 달려가 조의를 표하며 문상을 했다고 "총리가 무릎을 꿇었다"라며 개소리 치는 놈들이 있었다. 그것이 "그토록 중대한 국가 차원의 문제냐?"고 분통을 터트리는 인간 말자들이 있음에 나는 분노했다.

우리네가 다른 나라에 가서 그 어떤 안전사고로 목숨을 잃었을 때 과연 일본인처럼 그토록 침착하고 유연하게 대처할 수 있을지 도저히 자신이 없다. 그래서 한결 "일본이 존경스럽다"는 것이다. 역지사지(易地思之)라 하지 않던가. 모든 걸 상대 입장에 서서 생각을 해보자는 것이다. 일본인들은 우리가 스스로를 개조하기 전에는 따를 수 없는 참 일등 국민이라 하겠다. 그래서 또 "일본이 존경스럽다."

나는 아이들에게 절약을 강조하는 편이다. 용돈도 그냥 주지 않

았다. 항상 심부름의 대가로 주었다. 그러나 단 하나 아끼지 않는 것은 해외여행은 자주 가라고 한다. 그리고 유람만 즐기지 말고 그 나라들의 문물과 풍습을 눈여겨보라고 강조한다. 최소한 주입식 교육을 받은 것보다는 훨씬 세상을 바라보는 눈이 다를 것이라고 믿어 의심치 않는다. 즉, 우물 안 개구리는 안 될 것이다. 일본을 가보지도 않고, 일본 사람을 직접 접해 보지 않은 우물 안 올챙이 새끼들의 반일(反日)이 더 큰 문제다.

◇ 토착왜구(土着倭寇)와 도래왜구(渡來倭寇)

– 산동거사 오병규

이태현(李太鉉), 일제강점기 전라북도 남원 출신의 독립운동가.

이태현이 31살 되던 해 제2차 세계대전이 일어났고, 일본은 모자라는 군수물자 조달을 위해 내선일체라는 구실을 붙여 조선인을 더욱 핍박하며 창씨개명까지 강요했으나, 그는 창씨개명을 거부했다. 평소 그를 눈엣가시로 여기던 일경이 몇 차례 주재소로 연행해 갔으나 끝까지 굴복하지 않았고, 주재소에서 「왜죄십조(倭罪十條)」를 발표한 뒤 자결로 순국했다. 민족대표 33인 중 한 사람이다.

이태현 선생의 문집 중 『정암사고』라는 책에서 토왜(土倭)라는 단어가 처음 나오는데, 당시 이태현 선생은 순수 일본인은 진왜(眞倭)로 부르고, 자생적인 친일매국노들을 토왜라고 불렀다. 그 후 1910년 대한매일신보에 '토왜천지(土倭天地)'라는 제목의 글이 실린 적이 있는데, '토왜'는 나라를 좀먹고 백성을 병들게 하는 인종으로 규정하였으며, 다음과 같은 기준을 제시했다.

1) 뜬구름 같은 영화를 얻고자 일본과 이런저런 조약을 체결하고 그 틈에서 몰래 사익을 얻는 자. 일본의 앞잡이 노릇하는 고위 관료층.
2) 암암리에 흉계를 숨기고 터무니없는 말로 일본을 위해 선동하는 자. 일본의 침략행위와 내정간섭을 지지한 정치인, 언론인.
3) 일본군에 의지하여 각 지방에 출몰하며 남의 재산을 빼앗고 부녀자를 겁탈하는 자. 친일단체 일진회 회원들.
4) 저들의 왜구 짓에 대해 원망하는 기색을 드러내면 온갖 거짓말을 날조하여 사람들의 마음에 독을 퍼뜨리는 자. 토왜들을 지지하고 애국자들을 모함하는 가짜 소식을 퍼뜨리는 시정잡배.

그런데 이 '토왜'라는 단어에 뼈와 살을 붙여 '토착왜구(土着倭寇)'로 고쳐 부른 자가 있었으니, 곧 전우용라는 인물이다. 듣보잡인 인간이라 추적을 해보았다. 어디선가 얼핏 보았는데 약관을 조금 지난 전교조 세대의 그곳 아랫동네 인물로 보았는데, 언제부터인가 생년월일이나 출생지를 알 수 없다. 왜 갑자기 이런 것들을 없애버렸을까? 오히려 이런 자들이 학자인 척 돈만 되면 소위 저서라며 함부로 휘갈긴 책장사에 불과한 인간들인데, 한 마디로 삽살개 이상으로 우중(愚衆)을 선동하고 우려먹는 족속들이다.

토왜(土倭)와 토착왜구(土着倭寇)가 조금이라도 합치되는 부분이 있는가? 이를 다시 정리하면, 일본과 우방 국가로 선린관계를 유지하자는 애국지사들을 토착왜구로 몰아붙여 상대적으로 반사이익을 누리는 놈들이야말로 진정한 토착왜구인 것이다. 또한 이것이 진정한 토착왜구의 정의(定義)인 것이다.

그런데 토착왜구(土着倭寇)에 반하여 '도래왜구(渡來倭寇)'라는 게 있는 줄을 아는 이는 드물다. 도래왜구라는 도래(渡來), 즉 문자 그대로 동해를 건넜든 현해탄을 건넜던 물을 건너온 왜구라는 뜻이다.

'호사카 유지'라는 某대학 교수가 있다. TV를 비롯한 여타 메스컴에 자주 등장한다. 어떨 땐 독도지킴이 행세도 하고, 어떨 땐 자신의 모국인 일본을 맹렬히 비난하기도 하며 친한파 행세를 한다. 나는 사실 이 친구의 이런 행태가 마뜩잖아 언제고 한 번은 짚고 넘어가려 했던 인물이다.

호사카 교수는 도쿄대학 공학부 금속공학과를 졸업한 일본 최고 엘리트로, 고려대학교 대학원 정치외교학과를 졸업한 정치학 석사 및 박사다. 2013년에는 독도 영유권에 대한 오랜 연구와 활동을 인정받아 대한민국 정부로부터 홍조근정훈장을 받았다. 한국인 부인 사이에 2남 1녀를 두고 있다.

우선 17년 전 한국에 귀화까지 했다는 친구가 일본 이름으로 활동을 한다는 것은 일종의 자기 과시이고 유명세를 타기 위한 수단이다. 진정한 한국을 위한 활동이 아니라 돈벌이 수단으로 이용하자는 것이다. 임란 당시 도래 왜구였던 김충선 장군 같은 분은 귀화를 하자마자 성명부터 바꾸지 않았던가? 이런 분이 진정한 도래 애국자인 것이다.

이 친구가 내뱉은 말 중에 "韓 손해라며 불매운동 중단? 악마에 영혼 파는 것"이란다. 이 정도면 악랄한 꼼수다. 이런 친구는 한일관계가 불편해지고 불협화음이 일어나야 돈벌이가 되는 사람이다. 자신의 모국을 맹비난하면 대갈빡에 든 것 없는 한국 개돼지 엽전들은 환호작약하며 이런 친구가 쓴 책이라든가 방송을 더 보게 되는 것이다. 이런 점은 피아를 구분할 줄 모르는 개돼지들에게 통할지 모르지만, 진정한 대한민국 국민에겐 안 통한다.

생각을 해 봐라! 삽살개가 이번 전쟁에서 더 이상의 싸움으로는 나락에 떨어질 것이 명백하고, 두려움에 찬 나머지 아베 수상에게 은근짜로 손을 내미는 마당에 "불매운동 중단? 악마에 영혼 파는 것"이라며 전쟁이 지속되기를 바라는 것은, 이 자야말로 트로이 목마가 아닐 수 없는 것이다. 아마 지금쯤 삽살개가 더 불편해할 것이다.

1990년대쯤이었던가, 전라도 광주 땅인지 목포 땅에 이 자와 비슷한 이름의 일본인 교수가 한 놈 있었다. 지상파 3개 방송을 휩쓸며 연예 오락, 심지어 시사프로에 출연하여 친한파 행세를 했었다. 그런데 어쩐 일인지 무슨 일이 있었는지, 이 친구 일본으로 되돌아가더니 철저한 반한인사가 된 것을 아는 이는 드물다.

토착왜구라는 단어를 만들어 졸지에 유명 사학자(?)가 된 놈이나, 친한파 인사를 가장한 도래왜구나, 한국 개돼지 엽전들은 놈들의 만행을 인지 못 하겠지만, 우리 일반 국민들은 이 자들의 행태를 눈여겨볼 필요가 있는 것이다. 과연 어떤 것이 애국인가를…

◇ 나에게 한 발의 총알이 있다면

- 산동거사 오병규

난 'TV쇼 진품명품' 프로를 즐겨 본다. 최근 몇 주 동안은 한일 관계 때문인지 주로 독립운동과 관계된 것들 또는 우국지사들의 유물 및 유품 등이 주로 감정 거리로 올라온다. 물론 이 또한 삽살개 정권의 주구로 전락한 공영TV의 연출인지라 생각 같아선 이마저도 TV를 끄거나 채널을 돌리고 싶지만, 독립투사님들이야 무슨 죄가 있으랴 하는 심정으로 계속 보게 된다.

이번에는 우당 이회영 선생의 친필 묵화와 마지막으로 독립운동가 이규채 선생이 직접 쓴 회고록이 감정을 받으러 올라왔다. 감정의 백미(白眉)인 마지막 전광판의 숫자가 수십억 이상을 가리키며 끝까지 올라가다가 갑자기 0으로 표시가 된 것이다. 출연진은 물론이거니와 시청을 하던 내 입에서도 아! 하는 탄성(歎聲)이 절로 튀어 나왔다. 감정 당시 분명히 진본이라는 감정위원의 언급이 있었는데 0원이라니, 의아할 수밖에.

뒤이어 감정위원의 해설이 뒤따랐다. 이규채 선생은 대한민국 임시정부 의정원 의원과 한국 독립군 참모장 등으로 활동한 독립운동가. 국내에서는 서예 대중화에도 기여한 인물이며, 1차 쌍성보 전투에 직접 참전했던 인물이고, 김구의 백범일지보다 독립운동이 상세히 적혀 있어 사료적 가치가 뛰어난 의뢰품이라고 평가했다.

그 기록 중에 일제에 잡힌 후 재판기록 일부가 소개되었다.

"을해년 1935년 또 묻기를 '자녀가 셋이나 있는데, 그들 역시 생각하지 않는가?' 라고 하기에 내가 답하기를, '나에게 노모가 계시는데도 생각할 겨를이 없다. 그런데 어찌 자녀를 염두에 두겠는가. 많은 말을 할 필요 없이 단지 우리 강산만 돌려주면 그만이다.'"

이 대목에선 콧날이 시큰하며 눈가엔 눈물이 흘러내렸다. 그러고 보면 내가 아주 토착왜구는 아닌 모양이다.

그 프로를 시청한 후 순간적인 감정이 일기는 했지만, 나만의 기억장치에 보관하거나 머릿속에 남겨두지 않았다. 그런데 까맣게 잊어버렸던 이규채 선생의 회고록과 그것을 의뢰했던 장본인인 증손자의 인터뷰 기사가 눈에 뜨인다. 가끔 독립투사들의 회고록이나 유품 등이 의뢰에 올라오기는 하지만 여태 단 한 번도 소장자를 찾아가 인터뷰한 적이 없기에 너무 의아한 나머지 그 기사를 자세히 읽어 보았다. 그 일부를 소개한다.

Q. 이규채 선생의 회고록이 왜 '감정가 0원' 인가?

이성우/ 독립운동가 이규채 선생 손자: 당연하죠. 감정할 수 없는 거예요 이건. 이거는 그냥 문화재인 거죠. 한 독립운동가의 기록이에요. 무슨 가격을 매기겠습니까?

Q. 독립운동가 집안은 여전히 가난한가?

그런 면이 있죠. 실제 그런 면이 있는데 독립운동을 했다든지 이렇게 보다 나은 사회를 위해 헌신했던 사람들이 멸시되고 어떤 면에서는 반공 이데올로기에 의해 핍박받은 거죠. 그래서 숨을 죽이고 있어야 했고 친일 세력들이 창궐하고 있잖아요. 그들이 아주 당당하게 있고!

나는 이 부분을 읽으며 이규채 선생의 재판기록에서 받았던 그분에 대한 존경심과 애틋했던 감정들이 분노로 폭발하고 말았다.
삼불고(三不顧)라는 말이 있다. 처자불고(妻子不顧), 가사불고(家事不顧), 생명불고(生命不顧)를 말함이다. 처자와 집안일과 더불어 자신의 생명을 돌보지 않고 애국했던 독립투사들의 생활신조였다. 독립된 이후 그분들 자손이 가진 재산도 없거니와 제대로 배우지도 못하고, 그들의 삶이라는 게 얼마나 궁핍하고 고달팠겠는가. 굳이 자손들의 입을 통해 듣지 않아도 미루어 짐작할 수 있는 일이다.

그러나 '독립운동가 집안은 여전히 가난한가?' 라는 질문에 나온 후손의 대답은 독립운동하신 분들의 생활신조와는 많이 배치되는 부분이다. 누가 등 떠밀어 독립운동에 참가한 애국지사는 한 분도 없을 것이다. 혹시 있었다면 운동 과정이 너무 힘들고 고달파 배신이나 또는 밀정으로 변신한 인간들도 있었을 것이다.

그리고 독립운동가 집안만 여전히 가난했던가? 당시는 독립운동을 하지 않아도 먹고살기 힘든 시대가 아니었던가? 독립운동가 자손만 배우지 못하고 무식했던 것은 아니었다. 해방 후 문맹률은 90%에 가까웠다. 오히려 독립운동을 했다며 해방 이후 높은 관직에 올라 나라를 주물렀던 인물들이 더 많지 않던가? 이규채 선생 같은 경우에도 백범은 앉아서 명령만 하는 반면에 직접 전투에 참여하지 않았던가. 백범보다 훨씬 가치가 높은 사료를 남기고도 백범의 자손과 그 자손은 어떤 식으로 비교를 해야 할까? 더불어 그 자손의 입에서 '반공 이데올로기에 의해 핍박받은 거죠' 라는 답이 왜 나왔을까? 이규채 선생이 독립 후 빨갱이 운동으로 전환하기라도 하셨던가?

'독립운동가 집안은 여전히 가난하다' 라는 얘기는 광복 후부터 나돌기 시작했던 얘기다. 그도 그럴 것이, 독립운동가의 생활신조가 삼불고(三不顧)였으니 당연하다 할 것이다. 그러나 시대가 어느 때인가?

교통사고로 사람이 죽어도 몇억씩 보상을 해주는 시대다. 유람 가다가 배가 뒤집혀 사람이 죽어도 몇십억씩 보상해 주는 나라다. 삽살개 정권 들어 국민소득 1인당 3만 불이라며 자랑을 한 적도 있고, 실제 이 나라의 경제력이 세계 10위 안팎이며 평화경제가 완성되면 세계 6위도 된다고 설레발치지 않았던가? 이거 저것 다 빼고라도 먹고살 만한 나라가 됐다는 얘기다.

그런데도 광복 후 70여 년이 지나도록 독립투사들의 자손들이 아직도 가난에 허덕이게 하는 삽살개 정권이 과연 일본과의 과거사를 함부로 농단할 수 있을까? 다른 정권은 고사하고라도 반일을 해야만 애국자로 신분 상승시켜 주는 삽살개 정권이 그 후손들은 왜 방치하는가? 빨갱이 짓을 한 엉뚱한 놈들을 훈공 서열에 넣지 못해 안달해 온 삽살개 정권이 아니던가?

정말 웃기는 것은 KBS다. 방송국이 아닌가? 그따위 시답잖은 인터뷰로 반일 감정을 높일 게 아니라 지금 당장이라도 '가난한 독립투사 자손을 도웁시다'라는 캠페인을 벌이는 건 어떨까? 개자식들 삽살개의 주구가 되어 앵무새처럼 같은 말만 반복하는 나팔 불며 독립투사 후손을 걱정하는 저 파렴치함. 오늘이라도 후손 돕기 운동을 벌인다면 미력이나마 협조할 의향이 있다.

문득 백범이 한 말 한 대목이 생각난다. "나에게 한 발의 총알이 있다면, 왜놈보다 나라와 자유민주주의를 배신하고 빨갱이와 놀아나며 반일 운동의 반사이익을 정치자산으로 삼으려는 매국노 변절자를 백 번 천 번 먼저 처단할 것이다."

◇ 정상혁 보은 군수를 위한 변명

– 산동거사 오병규

"위안부 배상금인 5억 불이 한국 경제발전의 기본이 됐다. 독일의 지배를 받았던 폴란드 사람들은 배상을 위해 계속 앙앙거리고 보태는 무식한 짓 안 한다는 등의 발언을 해 물의를 빚었습니다."

정상혁 보은군수가 언급한 말이다. 이 얘기가 왜 비난을 받아야 하고 논란이 되어야 하나? 대가리에 똥만 가득한 식자들은 일본을 따라잡은 것만 내세우지만 일본이 자신들과 대등하도록 인도한 것은 대가리에 들어 있지 않다. 그래서 은혜도 모르는 금수(禽獸)라고 하는 것이다.

"독일의 지배를 받았던 폴란드 사람들은 배상을 위해 계속 앙앙거리고 보태는 무식한 짓 안 한다"는 정 군수의 얘기에 소위 공영방송의 뉴스 해설자라는 자는, 독일은 그 대신 폴란드에게 영토를 돌려주었단다. 그 자가 내 옆에 있었다면 싸다구 맞았다. 일본은 조선반도를 일본으로 가져갔나? 정말 대가리 쓸 줄 모르는 무뇌아 집단들이다.

정상혁! 그는 새 시대의 진정한 애국자다. 빨갱이 새끼들이 나를 향해 '토착왜구'라고 개같이 짖어도, 정 군수가 토착왜구라고 비난을 받아도, 그는 진정한 애국자다. 천만번을 얘기해도 일본은 우리의 우방으로 선린 국가로 가도록 해야 한다. 내가 이토록 개돼지들에게 호소하는 것은 나라 돌아가는 꼬락서니나, 삽살개 하는 꼬라지를 보면 우리 족속들이 보트피플 할 시기가 도래한 것 같아 해보는 소리다. 죽으나 사나 보트피플도 제일 가까운 일본이 그래도 생존할 확률이 높지 않나?

다만 정상혁 군수가 바른말 하고서도 한국 좌익들의 마녀사냥 인민재판에 무릎 꿇는 것이 정말 많이 아쉽다.

◇ 조선인의 끝 간 데 없는 선동과 민족주의

– 산동거사 오병규

난 사실 그렇게 야박하거나 누구를 죽어라 미워하는 스타일이 아니다. 내 부모가 천수를 다하고 돌아가셨으니 살부지수(殺父之讎)가 있을 리 없고, 따라서 살부지수만 아니라면 어제까지 불공대천(不共戴天)의 원수라도 사과를 한다거나 화해 제스추어를 한다면 어느 놈도 용서할 용의가 있다. 문제는 내가 미워하고 저주하는 것은 그자들이 아니라 나 자신이 불의(義)를 못 참는 것이다.

2020년 7월 일본의 수도 도쿄에서 열리는 하계올림픽을 앞두고 '안전의 우려성', '일본의 일방적인 한국에 대한 무역보복 조치에 반(反)해 이를 보이콧' 해야 한다는 주장이 좌익단체는 물론 정치권에서도 쏟아져 나왔다.

민주당 최재성 같은 놈은 일본경제침략 대응특별위원회 위원장이라는 감투를 쓰고 라디오 방송에 출연, "방사능 같은 경우 경제하고 연관돼 있다"며 "여행 금지구역을 사실상 확대해야 된다"고 밝히며, 더불어 "동경에서 방사능 물질이 기준치보다 초과해서 얼마 전에 검

출됐다"면서 도쿄올림픽 보이콧을 주장했다.

여러분! 도쿄 올림픽에 너희 놈들만 참가합니까? 아니, 보다 존경의 의미로, 대한민국 선수들만 참가하는가 묻고 있는 겁니다. 한반도 안에서 벌어지는 선동질은 한반도 안의 사람들에게만 통하는 거랍니다. 아시겠어요? 여러분!

어디 그뿐인 줄 아는가? 리얼미터인지 페이크미터인지 모르겠지만, 그 당시 국민 10명 중 7명은 일본 후쿠시마 산 농수산물의 방사능 우려를 이유로 2020 도쿄올림픽을 보이콧해야 한다는 입장인 것으로 조사됐다고 입을 놀리며, '추가 안전조치가 없으면 올림픽을 보이콧해야 한다'는 응답이 68.9%로 나타났다고 밝혔다.

여러분! 후쿠시마산 농수산물을 여러분들에게만 입 벌리게 하여 억지로 먹인답니까? 다른 나라 선수들, 특히 저개발 국가는 없어서 못 먹는 그런 음식을 먹을 수 없다고 그것 때문에 올림픽 보이콧 선동질을 합니까? 정히 그렇다면 경제 10위 대국에서 그 정도도 공수할 수 없어요? 여러분들이 보이콧하면 세계가 선동당할 줄 알았어요? 요즘 어째 조용합니다. 여러분들!!

안전이 담보된 타국의 일에는 우리나라 사람들을 선동질하더니만, 아프리카돼지열병 확산 방지를 위해 살처분한 수만 마리 돼지 사체에서 흘러나온 핏물과 침출수가 흘러들어 벌겋게 물든 임진강 사태에는 왜 말이 없는가. 세 살짜리 어린애가 보아도 당장 구역질이 날 정도의 추악한 장면의 임진강 수질엔 이상이 없다고요?

야! 이 개자식들아! 임진강 오염된 물이 서해로 흘러 중국이 자랑하는 남지나해를 거쳐 인도양으로, 다시 어떤 물줄기는 태평양으로 대서양으로, 시간이 흘러 오대양으로 흘러 들어가지 말라는 법이 있나? 너희들 일본이 원전의 폐기수를 동해로 흘리는 것도 아니고 태평양으로 흘리겠다는 것도 악을 쓰며 선동하잖아? 정말 저 빨갛게 물든 핏물이 수질에 이상이 없다면, 문재인에게 한 잔 따라 올리고 드시는 장면을 한 번 연출하는 것은 어떨까? 문재인 지지도 20% 이상 더 올라가는 거 장담한다.

엽전 가운데 구멍이 뚫린 이유는 실에 꿰어 편히 가지고 다닐 수 있도록 하기 위한 것이다. 엽전들은 한 번 코가 꿰이면 헤어나지 못하고 죽을 둥 살 둥 매달려 있는 꼬라지 때문에 엽전이라고 하는 것이다. 그래서 엽전은 인간 이하의 취급을 하고 받아도 무방하다.

◇ 토요타(豊田)家와 토착왜구論

- 산동거사 오병규

중국은 사람 수를 '개(個)'로 표현한다. 과문하지만, 영어도 how many? 라며 포괄적으로 하지 않는가? 어쨌든 소모품들 앞에서 문재인은 여전히 '지소미아' 문제는 일본이 그 원인 제공을 했다며 호도한다. 이 점에 대해선 하도 강조해서 더 이상 주석을 달고 싶지 않지만, 진정한 원인 제공자는 '문재인' 자신이다. 전임 정권이 불가역적으로 맺은 한일 간의 위안부 문제와 강제징용 문제를 문재인은 취임하자마자 깨트리며 일본을 자극시켰고, 소위 어용 변호사들이 단체로 일본으로 몰려가 난동을 부린 게 오늘날 양국 경색의 도화선이고 주범이 된 것인데, 아직도 제 잘못은 모르고 우민(愚民) 300개를 모아 놓고 저따위 발뺌을 하고 있다.

언론들도 참 웃긴다. 황교안 대표가 "총체적 국정 실패, 이게 나라입니까?"라는 캐치프레이즈를 걸고 단식투쟁에 들어갔는데, "자유한국당 황교안 대표가 20일 패스트트랙으로 지정된 선거법 개정안과 고위 공직자 범죄수사처 신설법 저지를 위해 단식 농성에 들어갔다" 라고만 표현했다. 마치 황 대표가 한국당만을 위한 단식투쟁으로 표현한 것이다. 그런데 기자들이 간과(看過)한 게 있다. 황 대표의 단식투쟁 제1의 목적은 문재인 정권의 '지소미아 폐기'에 있는 것이다. 황 대표 단식투쟁 뒤편에 심홍(深紅)의 플래카드에 힘차게 쓰여진 첫 번째 모토가 '지소미아 파기 철회'라는 문구가 선명하다. 즉, 본말(本末)이 전도(顚倒)된 기자들의 시각(視覺)이었다.

김병연(金炳淵) 하면 잘 모르는 분들이 있지만, 김삿갓 하면 고개를 끄덕일 것이다. 홍경래의 난은 서기 1811년 순조 11년에 일어났다. 당시 선천부사였던 김익순은 옆 고을 가산군수 정시와는 달리 난군의 위세에 놀라 칼 한 번, 화살 한 대 날리지 않고 항복하고 말았다. 그로 인해 난이 평정된 후 멸문지화를 당했다. 그런 가운데 용케 그의 손자 하나가 어미의 보호를 받고 탈출하여 강원도 영월 땅으로 이주하여 가서 자랐다. 그의 이름을 김병연이라고 했다. 어릴 적부터 천성이 영리했던 김병연은 영월 관아에서 열린 백일장에서 '가산군수 정시를 찬양하고 선천부사 김익순을 규탄하라'는 시제가 나오자, 김병연은 김익순이 자신의 조부인 줄도 모르고 "한 번은 고사하고 만 번 죽어 마땅하고, 너의 치욕스러움을 역사에 유전하라."라고 준엄하게 질타한 시로 장원급제를 했다.

얼마 뒤 자신이 그렇게 질타한 김익순이라는 인물이 자신의 조부라는 사실을 깨달은 김병연은 병연이라는 이름을 버리고 세상이 부끄럽다며 삿갓을 쓰고 다니며 자신의 이름마저 삿갓을 의미하는 '립

(쏜)'으로 개명을 했다는 게 우리가 아는 방랑시인 김삿갓의 전설이
다.

김홍걸 더불어민주당 국민통합위원회 위원장이 황교안 자유한국
당 대표의 단식 결정을 비판했다. 김대중 전 대통령(DJ)의 3남인 김
위원장은 20일 자신의 사회관계망 서비스(SNS)에 황 대표의 단식투
쟁 관련 기사 링크를 올리면서 "일본을 위해 단식하는 열사가 탄생
하는 거냐"고 적었다.

김홍걸이는 뭘 몰라도 한참 모르는 아이다. 제 아비인 김대중은
목포공립상업학교 2학년 만 16세 때 토요타 다이쮸(豊田大中)로 창씨
개명 하였다. 김대중은 졸업 후 전남 기선주식회사라는 일본인 해운
회사에 경리담당 사원으로 일하게 되었고, 8·15해방이 되며 일본인
사장으로부터 그 회사를 무상으로 넘겨받는다.

그가 우여곡절 끝에 대통령에 당선된 후 일본을 방문했을 때 제
일 먼저 찾은 이가 소학교인지 상고인지는 모르겠으나 당시의 선생
님을 찾아가 "센세이! 와다시와 토요타 데쓰"라고 외친 일화는 아
직도 전설로 회자되고 있다. 자랑스러운 토요타(豊田)家의 탄생이었
다. 어떤 빨갱이 새끼들은 토착왜구(土着倭寇)라는 단어를 함부로 써
먹고 있지만, 진정한 토착왜구의 사례는 김대중이다. 위에 김병연의
얘기를 왜 했는지 토요타(豊田)家의 막내는 성찰(省察)하기 바란다.

단일 민족은 없었다. 배달의 민족도, 단군 할아버지 자손도 없었

다. '토종 한국인'이란 사람들의 혈통은 한국, 중국, 일본 3국의 혼혈이었다. 여기에 전부는 아니지만 몽골 혈통도 살짝 섞였다. 중국, 일본인도 크게 다르지 않다. 혈통 구성비의 중심은 역시 한중일이다. 한국인의 DNA를 분석하면 거의 예외 없이 한중일 3개국의 유전자가 들어있다. 이원 다이애그노믹스의 배진식 연구소장은 한국 46.26%, 일본 26.54%, 중국 26.01%, 몽골 1.19%로 분석했다.

난 오늘부터 쪽바리니 짱깨니 그런 욕 안 하련다. 토착왜구라는 말을 지어낸 그분께서는 그분 역시 일본 혼혈종이라는 말에 심정이 어떨까? 옛날에 김병연이라는 인간이 제 할애비를 욕했다가 평생을 죄인이 되어 삿갓을 쓰고 다녔다던데, 대한민국에는 삿갓을 쓰고 다닐 인간들이 많다.

◇ 친일(親日)과 부역자(附逆者)

- 산동거사 오병규

　친일. 사실 이 단어의 개략적 의미만 놓고 보면 도대체 '친일'이 왜 나쁠까? 그래서 이 단어가 국어사전에 등재는 되어 있을까 하고 살펴보니, 친일이라는 단어는 없다. 대신 친일파(親日派)라는 단어는 나온다. 일본과 친하게 지내는 무리 또는 일제 때 일본 관헌에 빌붙어 우리 겨레에 해를 끼치던 겨레붙이들. 겨레붙이란 동포(同胞)를 의미하는 것이다. 그렇다면 반일(反日)이라는 단어는 등재되어 있을까? 그런데 '일본에 대하여 반대함'으로 되어 있다. 대신 반일파(反日派)라는 단어는 없다.

　일본과 친하게 지내는 무리는 친일파라 되어있고, 일본을 극심하게 반대하는 무리들에게는 반일파라고 하지 않는다? 단어 표현의 절제(節制)인지 아니면 표현의 차별(差別)인지 아리송하기만 하다. 그런데 가만히 생각해 보면, 절제도 차별도 아닌 무조건 일본이 싫고 미운 알량한 우리 겨레, 백의민족, 배달민족 등등 민족주의자들의 아전인수(我田引水) 표현일 뿐이다. 빽! 하면 친일이라는 단어를 들먹이며 반일의 프레임을 짜는 무리들이 반일파이면서, 파(派)라는 왠지 정의롭지 못할 것 같은 느낌이 드는 수식어를 피해 가는 얍삽함을 보이는 것이다.

일제시대에 친일파로 몰린 인사들을 생각하면 가장 먼저 떠오르는 단어가 '부역(附逆)'이라는 단어다. 즉, 국가에 반역하는 일에 동조하거나 가담하는 것. 한일합방 이후 일제강점기가 시작되며 36년간은 나라가 없는 것이다. 그래서 상해임시정부라는 조직이 만들어졌고, 나라의 독립을 찾기 위해 독립군이라는 군대도 조직되었다. 따라서 광복 이전까지의 기간은 엄밀한 의미의 '부역'이라는 단어를 표현하기가 부족했기 때문에 막연히 친일(親日)이라는 단어가 성립된 것이다.

여기에 또 다른 부역(賦役)이라는 게 있다. 국가나 단체가 백성에게 지우는 노역(役)을 말하는 것이다. 좀 다른 얘기지만, 우리가 이만큼 잘 먹고 잘사는 이유가 '새벽종이 울렸네, 새마을이 밝았네', 전국을 깨운 새마을운동 당시 국가부흥을 위한 부역(賦役)을 했기 때문이다. 일제시대는 어쨌든 일본이 국가다. 국가가 명하는 부역 중에는 소위 노임이라는 게 없다. 즉, 강제노역인 것이다. 그러나 노역만 있었던 것은 아니다. 이른바 공출(供出)이라는 명목으로 식량, 전쟁 물자 등을 강제로 바치게 한 것도 있다.

문제는 일제 시절 간도니 만주니 피난을 가지 않고 이 땅에 남아 있던 백성들 중에 일본과 총독부의 명에 따른 부역(賦役)을 하지 않은 이가 몇이나 될까? 또 다른 부역(賦役) 중에는 마음에도 없는 충성맹세를 강요하는 경우도 있었다. 시인에게는 시를, 문장가에게는 천황을 칭송하는 글을, 신식 군대를 알기 위해 일본군의 사관학교에 입학한 학생들에게도 군인으로서 국가와 천황에 대한 충성을 요구했다.

이를테면 어쩔 수 없는 부역(賦役)살이 한 것을 두고 반일파들, 더 정확히 빨갱이들은, 그분들을 부역자(附逆者)로 그리고 친일파로 몰고 있는 것이다. 내 조상이 어쩔 수 없이 총독부에 부역도 하고 공출을 했다면, 반일을 입에 담고 사는 무리들의 할아비 아비는 부역을 안 했을까?

부역(賦役)에 의한 부역자(附逆者)들을 보다 가까운 데서 찾아보자. 6·25동란 당시 북괴군이 밀고 내려와 이 땅을 점령했을 당시, 남녀노소를 막론하고 놈들의 치하에서 강제에 의한 부역이나 또는 무슨 청년동맹, 부녀동맹 따위의 세포 모임이라며 사상과 이념 개조 운동이 극심했던 적이 있었다. 심지어 나 같은 어린놈도 불려가 '장백산 줄기줄기 피어린 자욱' 하는 김일성을 칭송하는 부역을 한 기억도 있다. 어린 내가 부역(賦役)을 하고 싶어서 했을까?

전쟁이 끝나고 이승만 정부는 부역(賦役)을 한 부역자(附逆者)들을 색출하여 학살한 경우가 있긴 했다. 그들은 완장을 채워주니 놈들보다 더 날뛴 부역자인 경우들이다. 가령 노무현의 장인 권오석 (權五

石) 같은 자는 자진해서 동네 사람들을 인민재판으로 학살했다.

그런데 우리는 강제 부역(賦役)에 의한 부역자(附逆者)들의 신원(伸冤)을 밝혀야 할 필요가 있다. 특히 6 · 25를 전후한 부역자들의 신원은 제주 4 · 3사태니, 여순 반란사태니, 심지어 미군의 오폭에 의한 매향리 사건 등은 모두 그 신원을 밝혀 주었다. 그런데 유독 일제시대 강제에 의한 부역을 한 백성이나 인물들에게만 부역자(附逆者)라는 어마무시한 허물을 뒤집어씌우고 끝내는 친일파라는 주홍글씨를 그들 성명 앞에 쓴 것이다.

일본 강점기든 6 · 25동란이든, 힘없는 백성들에게 총칼을 겨누며 부역을 강요했을 때 '나 죽여라!' 라며 대들 인물이 몇이나 있을까? 있기는 있었고? 그나마 3천만 명의 백성 중 정말 극히 드물게 몇 분의 선열이 그들과 맞서다가 의사(義士)로 열사(烈士)로 추앙받고 있는 것이다.

다시 얘기하면, 일제 강점기나 6 · 25동란 때 죽지 않고 살아남은 모든 백성들이 부역자(附逆者)들이다. 왜? 부역(賦役)을 하지 않으면 죽임을 당할 수 있기에 그랬다. 숨 쉬고 살아남으려면 비겁하지만 순종을 하고 부역을 해야 했던 것이다.

지금 이 땅에 살아 숨 쉬는 자, 너 나 우리 할 것 없이 모조리 부역자요, 친일(親日)을 한 새끼의 새끼인 것이다. 살아있는 그 자체가 부끄러운 족속들인 것은 너나 나나 마찬가지다.

뭐? 나는, 우리 집안은 아니라고? 에레이~ 개자식들! 손사래 치는 놈들이 부역은 더 충실히 했을 것이고, 지독한 친일파일 것이다. 친일(親日) 그거 함부로 입에 올리지 마라! 이 부역자의 새끼들아!

◇ 나는 토왜(土倭)로소이다

- 산동거사 오병규

사실 나는 거창한 학력의 소유자가 아니다. 따라서 대학을 나오고 석사가 되고 박사가 된 사람들보다 아는 게 별로 없다. 그러나 이 며칠 소설쟁이 조정래의 발언에 분노(忿怒)하여, 비록 짧은 학문적 지식(知識)이지만 70여 성상을 살아오며 나름 배우고 익힌 지혜(知慧)를 총동원하여, 그 책장수의 비뚤어지고 왜곡(歪曲)된 오류(誤謬)를 지적하고자 한다.

아! 먼저 나는 토왜(土倭)다. '다만 그 소설쟁이와 그 아류의 주장에 따른다면…' 이라는 전제(前提)하에 말이다. 나는 일본과 일본 사람들을 무척 좋아한다. 그들의 질서가, 그들의 조용함이, 그리고 무엇보다 그들의 예의바름이 좋다. 그래서 글자 그대로 친일(親日)을 하고 있는 것이다. 나는 을사오적(乙巳五賊)과 같은 매국(賣國)을 하자는 게 아니다. 나라를 팔지도 않았다. 가장 가까운 이웃나라끼리 선린(善隣)을 하자는 것뿐이다. 내가 주장하는 이런 것들을 친일 행위라면, 나는 토왜(土倭)라는 소리를 들어도 기꺼이 받아들이련다.

그래서 나는 토왜(土倭)다.

우선 그 소설쟁이가 기자간담회에서 밝힌 부분을 옮겨 보자.

"일본 유학을 다녀오면 무조건 친일파가 된다. 민족정기를 위해, 왜곡된 역사를 바로잡기 위해, 150~160만 명 정도 되는 친일파를 처단(處斷)해야 한다."

그러자 진중권 교수가 그 책장수의 오류에 대해 한마디 거든다.

"이 정도면 광기다. 대통령의 따님도 일본 대학에서 유학한 것으로 안다."

그런데 문제의 발단은 엉뚱한 곳에서 터진다. 다 늙은 책장수가 자신을 향해 '광기'라고 비판한 진중권 교수에 대해 "저에게 아주 경박하게 무례와 불경을 저지르고 있다"며 법적 대응 방침을 밝힌 것이다. 그 책장수는 자신의 친일파 발언 논란은 언론이 '토착왜구'라는 주어를 빼 왜곡한 것이라는 취지의 주장을 했다.

나는 그 책장수의 오만(傲慢)과 오류(誤謬)를 발견하고 분노했다. 책장수가 '광기(狂氣)'라는 단어 앞에 그야말로 광분(狂奔)하는 것과 같은 맥락(脈絡)이다.

즉 '불경(不敬)'이라는 단어다. 경의(敬意)를 표해야 할 대상에게 그 예를 다 하지 않고 무례할 때라는 의미다. 즉, 무례하고 공손(恭遜)하지 못하다는 의미다.

아이러니한 것은, 이 불경죄가 지구촌 어디에도 없지만, 토왜인 나의 '본토(本土)' 일본에만 있는 법이다. 1947년 이전의 본토 일본에서, 황실·신궁(神宮)·황릉(皇陵)에 대한 불경 행위로써 성립하던 죄이기 때문이다.

생각을 해보자. 우리 '본토' 의 것이라면 씹던 밥알도 뱉어낼 것처럼 경멸하는 그 책장수가 지구촌 유일의 우리 법을 지키고 따르겠다니, 나는 더 이상 할 말을 잊겠다.

그런데 역사적으로 조금 파고들면 불경죄가 아주 없었던 것은 아니었다. 얼마 전 가황(歌皇) 나훈아 선생이 신곡으로 부른 '테스형' 이라는 노래의 주인공 테스 형은, 나이 70살에 독배(毒杯)를 마시고 세상을 하직했다. 그 형이 독배를 마시게 된 죄는 크게 세 가지다.

1. 국가가 인정하는 신(神)을 신봉하지 않고,
2. 새로운 신격을 수입한 죄를 짓고 있다.
3. 청년들을 부패시킨 죄도 짓고 있다.

소크라테스 형의 가장 큰 죄목이 '국가가 인정하는 신(神)을 신봉하지 않는' 불경죄(不敬罪)였던 것이다. 그만큼 불경죄는 다른 어느 죄보다 큰 죄인 것이다. 그렇다면 동양사상에 불경죄란 없을까? 70여 성상(星霜)을 살아오며 익힌 바에 의하면 있다.

역린(逆鱗)이라는 단어다. 군주나 임금이 노여워하는 것 자체를 가리키는 말. 예로부터 군주가 노여워하면 그 대상은 십중팔구 죽음이다. 즉 불경(不敬)과 역린(逆鱗)은 이음(異音) 동의어(同義語)인 것이다.

내 말은, 그 책장수가 예수님, 부처님, 덴노헤이카, 삐샤(陛下), 전하(殿下) 등등 어디에 해당되는 인물인지? 아닌 말로 언감생심(焉敢生心) 불경(不敬)이라는 단어를 함부로 올리는지? 겨우 책장수 따위가 말이다.

빨치산 장사로 거만(巨萬)을 이룬 책장수가 그 거만의 재산을 다 탕진했는지, 늘그막에 나 같은 토왜를 처단하고 다시 책장사를 하려는 간교한 수단으로 보인다는 말이다. 내 말 어디라도 틀렸다면 내게 침을 뱉어라. 돌이라도 던져라. 나는 자칭 영광스러운 토왜다.

◇ '어쩌다 나가사끼 짬뽕'을 출간하고서

– 산동거사 오병규

　몇 년 전에 위안부 문제로 곤욕을 치른 어떤 여성이 있었지요, 교수였던가요. 맞습니다. 그분 한일 간 문제의 논문으로 박사학위까지 받은 某대학의 저명하신 교수님입니다. 그분의 '위안부'에 관한 저서를 읽어 보았습니다마는, 제 개인적으로는 전혀 문제가 될 게 없었던 저서였으나, 이 나라 재판부는 1심에서 유죄(1천만 원 벌금)를, 그리고 2심에서 무죄를 받은 것으로 기억됩니다. 그런데 아이러니하게도 그분에게 내려진 이 나라 재판부의 결심(結審)이 제가 이 책자를 내기로 결심한 이유와 동기이기도 한 것입니다.

　위안부(慰安婦), 어쩌면 이 땅의 모든 정치인, 정론직필 해야 할 기자, 교수, 식자(識者), 사업가, 하다못해 자영업자까지도 '위안부(慰安婦)'라는 단어는 자칫 입에 올릴 수 없거나 회피해야 할 금기(禁忌)어인지 모르겠습니다. 특히 특정의 정치세력이 정의(定義)하는 위안부라는 의미에 반(反)하는 생각이나 글을 쓰면 벌떼처럼 달려들어 인격을 말살(抹殺)하고 심지어 밥줄까지 잘라 놓는 행패(行悖)를 부리는 마당에 어느 누가 감연(敢然)히 나서서 그 부당함을 공개할 수 있겠습니까.

저는 그 점을 생각했습니다. 저 같은 민초(民草)는 정치적 박해나 어떤 지위(地位)나 금전적 피해 나아가 명예(名譽) 따위를 잃을 것도 입을 피해도 없기 때문입니다. 제가 원하는 것은 바로 그런 동지들이 필요로 했던 것입니다.

출판한 책자 내용에 자세히 설명했습니다. 일본에게 끝없는 사과를 요구하기 전, 몇 분 남지 않은 위안부 할머니와 강제징용 피해자 분들을 우리 정부에서 먼저 보상을 해주고 일본의 진심 어린 사과를 요구해야 했으면 하는, 그래서 이 책자가 일본인들에게 많이 읽혔으면 좋겠다는 것과 그로 인한 수익 또한 많이 생겨 그 모든 수익금을 위안부 할머니들과 강제징용 피해자 분들에게 고루 나누어 주었으면 하는 내용입니다.

이런 취지의 요구나 요청을 정치인, 정론직필 해야 할 기자, 교수, 식자(識者), 사업가, 하다못해 자영업자 등등 누가 하거나 할 수 있겠습니까? 그래서 비록 천등산 박달재 기슭의 촌부이지만 감연(敢然)히 일어나, 오늘 같이 난마(麻)로 얽혀 있는 한일관계에 미력이나마 물꼬를 틀 수 있는 계기를 만들자는 취지에서 이 책을 급히 출간한 것입니다.

산골의 촌부 호소를 들어줄 동지가 많을 줄 착각을 했던 것입니다. 그리고 그 섭섭함에 그리고 쪽팔림에 절필 선언을 하려던 참에 비풍초 님의 격려(激勵)인지 아니면 질타(叱咤)인지 모를 애매모호한 댓글을 보고 마지막 호소를 해보겠다는 명분(名分)과 용기를 얻고 이 새벽 이 글을 올리는 것입니다.

◇ 국익이라는 아이스크림을 버린 문재인

- 산동거사 오병규

　살부지수(殺父之讐)라는 말이 있다. 직역하면 아비를 죽인 원수가 되겠지만, 넓은 의미로 부모를 죽인 원수가 아닐까? 그러나 누군가에 의해 내 가족이 죽는다면 비단 부모뿐이겠는가. 내 피붙이가 타(他)에 의해 살해되었다면 누구라도 원수가 되는 것이다. 즉, 살부지수란 원수 중의 원수를 의미하는 것이다. 난징대학살에서 중국인이 많게는 30만 이상이 일본군에 의해 학살되었다는데, 일본의 그런 학살극이 난징 한 곳에서만 벌어졌을까?

　중국의 공영방송인 CCTV의 프라임타임 뉴스가 끝나면 70~80개 이상의 지방방송국이 각각의 뉴스를 송출하는데, 90% 이상이 영화나 드라마를 보여준다. 그 90% 이상의 영화나 드라마 중에 반 이상은 아직도 일본군에게 저항하는 밀정(密偵)들이 활약하는 드라마이거나 일본군과의 전투영화이다. 그들은 아직도 일본을 살부지수 이상의 원수로 삼아 후세들에게 교육하고 나아가 세뇌까지 시키고 있는 것이다.

두 사건, 즉 남경대학살(南京大虐殺)과 내선일체(內鮮一體)라는 구호 아래 민족 말살을 시도한 사태를 두고 경중(輕重)을 따진다는 게 난센스이겠으나, 그래도 당시의 일본은 우리 민족을 압제하기는 했어도 황국신민으로 일본인과 대등한 위치와 수준으로 대해 주었다고 주장하면, 빨갱이들은 이런 주장을 하는 나 같은 이들을 '토착왜구'라며 비하도 모자라 폄하까지 하는 아갈머리를 놀리겠지만, 현실 인식과 함께 '中·日 관계 정상화'를 역지사지(易地思之)해보아야 할 것이다.

살부지수 철천지원수(徹天之怨讎)에 의해 저질러진 치욕의 그날을 잊지 않기 위해 아직도 일본군과 독립투쟁을 하는 밀정영화나 전쟁드라마를 매일 방영하면서도, 관계 정상화는 물론 극진한 손님으로 만나겠다는 단 하나의 이유는 무엇일까?

그것은 바로 국익(國益). 원수 그것도 살부지수 철천지원수도 국익(國益)이라는 명제(命題) 앞에서는 뙤약볕 아래의 아이스크림인 것이다. 국익이란 달콤함을 녹아 없어지기 전에 빨리 취하고 먹어야 하는 것이다. 그런데도 전 정권이 국익을 위해 심혈을 기울여 이룩한 불가역적의 한·일 관계를 삽살개 따위가 사익(私益)과 정치 유지 도구로 삼아, 협상을 파기하고 G20이라는 축제에 그 더러운 발을 슬그머니 들여놓은 문재인의 행태가 너무도 유치하고 가당찮아 해보는 소리다.

◇ 오뎅과 어묵

– 산동거사 오병규

'구로다 가쓰히로' 라는 인물이 있다. 일본 산께이 신문의 서울 지국장으로 좀 독특한 인물이다. 한국에 수십 년간 상주하며 지한파인 양하지만, 가끔씩 한국에 대해 편협한 입방아를 찧거나 아니면 한국인을 자극하는 발언으로 분노를 자아내게 하기도 한다. 어떤 경우에는 우리네를 아주 폄하하는 고약한 발언도 마다하지 않는다. 그러나 그의 얘기들을 곱씹어 보면 우리에게 많은 것을 시사한다. 어떤 경우 스승님의 지도 같은 명언도 있다.

날씨가 워낙 춥다. 좀 전 온도계를 보니 영하 18도다. 산골짜기의 겨울맞이가 두 해째이다. 벌써 이력이 났는지 영하 십몇 도쯤은 별로 춥다는 느낌이 없다. 그래도 이런 날은 게을러진다. TV 뉴스도 맹추위 때문에 서울이 꽁꽁 얼어붙었다며 새벽의 거리를 비춘다. 마침 그 추위를 잠시 녹여 보겠다며 길거리 포장마차에서 김이 무럭무럭 나는 무언가를 먹고 마시는 젊은이를 인터뷰한다. 요지는 "이렇게 추운 날 뜨끈뜨끈한 오뎅과 국물을 먹음으로 추위를 잠시 잊는다"였다.

오뎅, 언젠가는 한 번쯤 다루고 싶었던 단어다.

이 단어가 방송에 쓰일 때, 특히 생방송일 경우, 사회자 또는 진행자에 의해 고쳐진다. 친절하게도 "오뎅이 아니고 어묵이죠." 라고…. 나는 그럴 때마다 한국인의 편협함에 기가 질리고 화가 난다.

"돈 나고 사람 났나? 사람 나고 돈 났지." 이게 제대로 된 순서다. 오뎅이 먼저지 어묵이 먼저는 아닌 듯하다. 생선을 갈아서 조리한 게 오뎅이고, 그 기술을 이 땅에 전수한 게 일본 사람들이다. '오뎅'은 결국 일본 사람들의 고유 음식이자 일본식 고유명사다. 그것을 마치 우리 것인 양 '어묵'이라고 고쳐 부르고 애국인 연 한다면 얼마나 웃기는 얘기일까?

우리의 전통 100% 우리의 '김치'를 일본 사람들이 '기무치'라고 명명하며 만들어낸다고 방방 뜨면서, 남의 기술과 남의 고유 음식을 이 땅에 가져 왔다고 고유명사를 바꾸어 부른다면 일본 사람들은 좋아할까?

일본식 가락국수 우동(饂飩)은 몇백 년 지났어도 '우동'이다. '피자'나 '햄버그'는 또 몇백 년이 지나도 '피자'나 '햄버그'일 것이다. 서양요리나 음식은 그들 고유대로 표기해 주며, 굳이 일본말은 고쳐 부르는 이유를 모르겠다. 아니 왜란과 강점기가 있었다손 치더라도 남의 것을 내 것처럼 한다면, 남은 내 것을 자기네 것처럼 한다 하여 어찌 불만을 토로하겠는가?

김치가 '기무치'로 될 수 없듯이, 오뎅은 '오뎅'이지 '어묵'이 아니다. 남의 좋은 것을 벤치마킹하거나 롤 모델로 삼는 것은 부끄러운 일이 아니나, 남의 것을 내 것인 양 훔치려 들면 '구로다 가쓰히로'가 수천수만이 되어도 할 말 없을 것이다. 이래서 배달민족이 아니라 배탈민족이 아닐까.

그놈의 오뎅 때문에… 아이고! 군불이 꺼졌나? 그 새 방안의 훈기가 서늘해졌다. 아따~ 정말 춥긴 춥다. 오늘은 오랜만에 마누라가 온다는데 방을 덥혀 놔야지… 그리고 점심 때는 오뎅탕이나 끓여 먹어야겠다.

◇ 애국(愛國)과 국익(國益)

- 산동거사 오병규

경적필패(輕敵必敗)라는 단어를 세세히 설명할 필요가 있을까? 2000년 6월이었다. 당시 나는 중국에 상주하며 그야말로 마늘 값보다 더 싼 중국 미녀들은 쳐다보지도 않고, 정신일도 하사불성(精神一到何事成), 앞만 보고 정진 또 정진, 사업 일으키는 데만 온 정력을 집중하고 있을 때였다.

중국은 전 세계 마늘 거의를 생산하고 있다. 거기다 당시 인건비는 우리의 10%에도 미치지 못했었다. 더구나 중국은 우리와 달리 음식을 만들 때 마늘 줄기가 주재료이고 마늘 알맹이는 잘 먹지 않기에 마늘 값은 우리의 반의반 정도 가격으로 우리에게 수출할 수 있었다.

FTA가 있었던 시절도 아니고, 그때나 지금이나 우리 사람들은 내 꺼 팔 줄만 알았지 남의 꺼 사들이는 것에 대해 아주 인색했었다. 특히 농민을 앞세운 귀족 노조들이 연일 파업이네 데모네 하면서, 농자천하지대본(農者天下之大本)이라는 말이 농사꾼을 귀히 여기자는 얘기 같지만, 문명이 발달한 오늘날은, 더욱이 票퓰리즘의 시대에는, 농사꾼이 귀한 것이 아니라 한 표가 귀한 시절이다.

결국 정부는 농민들의 거센 반발에 부딪혀 수입을 억제한다며 관세율 30%에서 열 배가 넘는 300여 %를 대폭 올리며 소위 세이프가드인지 아웃 가드인지, 암튼 그렇고 그런 말도 안 되는 조치를 한다.

난 중국을 북괴 다음으로 싫어하지만, 이런 경우 아무리 애국자라도 당시 정부의 파행을 욕하지 않을 수 없었다. 국제정세니 국제협약 따위는 돌보지 않고 오로지 票만 대가리에 떠올리는 빨갱이 정권이 나라 망칠 짓을 한다고 게시판에 글을 연일 올렸었다. 그리고 무조건 세이프가드 조치를 멈추어야 한다고 중공 편을 들자, 빨갱이 주구들로부터 얼마나 많은 비판과 핍박을 받았는지 그 생각만 하면 지금도 머릿속이 얼얼하고 심장이 뛰기에 그 사태를 또렷이 기억하고 있다.

생각을 해보자. 중국 사람들, 그것도 빨갱이 종주국이 그런 조치에 '펑호아'라고 할까? 중국은 곧바로 일주일 뒤 한국산 휴대폰과 플라스틱 원료수입을 중단한다는 보복 조치를 발표한다. 거래 금액으로 치면 마늘 수입 금액의 수십 배가 되는 금액이 작살난 것이다.

근데 재미난 건, 당시 중국은 WTO에 가입 전이라 그런 억울한 사정을 호소할 데도 없을 당시였고, 우리로부터 수입하는 휴대폰(당시 중국은 노키아나 모토롤라를 주로 수입했으나 삼성으로 막 갈아탈 때였다)과 폴리에틸렌은 자국 산업의 중요한 위치를 차지하는 원료였으나 개의치 않고 '난죠센(남조선) 엿 먹어라!' 라며 수입중단을 시킨 것이다.

그다음 얘기는 하나 마나. 당시 우리보다 가난했던 중국을 우습게 봤거나 가볍게 봤다가 되로 주고 말로 받은 게 아니라, 가마니 채로 덤터기를 쓰고서야 가이드 라인을 폐쇄하는 개망신을 당했다. 경적필패의 단면이었다. 더하여 사드 보복은 그 당시의 연장선으로 보면 된다. 그들은 국익(國益)을 위해 인민의 고통 정도는 참아내는 대국(大國)인 것이다. 그게 또한 애국(愛國)이 아닐까?

지구촌에서 미국 다음으로 경제 대국인 일본. 모든 지구촌 국가와 국민이 일본과 그 국민을 존경하고 심지어 경외심(敬畏心)까지 가지고 있음에도 불구하고 일본을 발가락의 때만큼도 여기지 않고 고양이 장난감 가지고 놀 듯 가지고 노는 민족이 우리 엽전들이다. 그러나 전부가 아닌 소위 빨갱이들이 그렇다는 얘기다.

일본이 그렇게 우스운가. 가지고 놀면 그대로 당하고 놀아 줄 것 같은가. 일본이 겉으로나마 우리에게 우호적인 제스처를 보이는 것은 미국이라는 세계 유일의 경찰이 있기 때문이다. 수천 번 강조했고, 하다 하다 일본을 제대로 배우자는 책자까지 냈으면서도 일본을 그렇게 모르나? 어떻게 고교 중퇴생으로 이젠 기억까지 가물거리는 산골의 촌부만큼도 세상 돌아가는 것을 모르고 국정을 논하는가?

노이요지(怒而撓之), 손자병법 시계(始計)편에 나오는 "적을 성나게 하여 소란케 만들라"는 의미다. 이미 삽살개와 그 패거리는 충분히 화가 났고 또한 머릿속이 하얗도록 소란해졌을 것이다. 정부는 정부대로 우왕좌왕(右往左往), 정부와 기업 간엔 좌충우돌(左衝右突), 일본 아베 수상 한마디에 콩가루 신세가 된 것이다.

마늘 파동이 일어났을 때 중국은 자국 산업의 중요한 원료수입을 막았다. 당장 인민들 배곯는 것보다는 상대방의 터무니없는 버르장머리를 고치고 국익(國益)을 도모하자는 의도였었다. 문제는 엽전들은 그런 사태에 양은 냄비 물 끓듯 방방 뜨면 애국인 줄 안다. 그리고 배고픈 건 죽어도 못 참는 것이다.

日 기업에도 부메랑? 日 IT산업도 타격? 아직 조치도 안 한 상태에서 양은 냄비 물 끓듯 하는 엽전들에 비하면 그들은 국익을 위해 설령 부메랑이 되거나 타격을 받더라도 그 정도는 이겨 낼 수 있는 국민적 각오와 맷집이 충분하지 않을까? 그런 점이 일본과 빨갱이 엽전의 차이점인 것이다.

치졸한 일본의 보복? 정작 치졸한 놈은 누구일까? G20 회담 참가 사흘 전에 '강제징용 배상 판결'이라는 폭탄을 터트리고 적국으로 달려가 일본과 그 국민을 아프게 자극(刺戟)시키며 약 올린 놈이 누구였던가? 이런 게 애국(愛國)인가? 국익(國益)을 뺀 애국(愛國)은 없다. 그런 게 있다면 애국을 빙자한 삽살개와 그 패거리들의 票퓰리

즘일 뿐이다.

　'강제징용 배상 판결'은 아직 2심이다. 대법원의 결심이 남아 있다. 일본은 3심의 가이드 라인을 제시한 것으로 만족할 것이다. 이 정도면 삽살개와 그 패거리들이 정신이 번쩍 들었을 것으로 생각할 것이다. 물론 삽살개도 '위안부 문제나 강제징용 문제'는 임기까지 더 이상 거론 못 할 것이다. 이번은 그냥 공갈 협박으로 끝나겠지만 이미 질러 놓은 협박을 협박으로만 끝낸다면 일본은 신용 국가가 될 수 없기 때문이다. 따라서 삽살개와 패거리는 아베 수상과 일본 국민께 감사드려야 할 것이다.

◇ 일본 열등감에서 벗어나자!

- 산동거사 오병규

　일본은 36년 압제를 행한 후 전범국으로 몰려 운신 한 번 제대로 못 하고 살아왔다. 대한민국 대통령이 바뀔 때마다, 그리고 무슨 국경일이나 국가적 행사가 있을 때마다, 그 바뀐 대통령들이 일본에게 사과를 요구하고, 다시 사과하면 미흡하다며 사과를 반복 요구해 왔다.

　초대 이승만 대통령과 박정희 대통령을 제외하면, 대한민국의 역대 모든 대통령들은 자신들의 실정을 일본 다그치는 것으로 교묘하게 포장하여 그 실정을 무마하려고 해 왔다. 특히 정신대 문제는 일부러 문제화시키고 극대화시켜 논란의 중심으로 만들어 임기를 마칠 때까지 끌고 나갔다. 즉, 한·일 관계를 새롭게 정립하고 가장 가까운 선린 국가로 거듭나겠다는 의지는 촌치도 없었다.

　그 어려운 난제를 박근혜 대통령이 해결하고 새로운 한·일 시대를 열어나가게 된 것이다. 위안부와 소녀상 얘기만 나오면 일본은 아플 것이다. 그 아픈 환부에 소금을 뿌리고 심지어 문지르기까지 한다면 어떤 상대가 참겠는가.

소녀상이 국내에 몇 개가 세워졌는지 모른다. 그러나 수도 서울 일본 대사관 앞에 서 있는 것으로 그 상징성을 충분히 나타낼 수 있다. 그런데도 환부에 소금을 맞은 환자 같은 일본이 가장 싫어하는 부분을 건드렸으니 일본이 화가 나도 단단히 난 것이다.

생각을 해보자. 누천년을 이 땅과 이 나라의 백성을 유린한 중국 놈들에게는 말 한마디 항의 한마디 못하고, 심지어 역사 왜곡까지 서슴지 않건만 입도 벙긋 못하고, 오히려 이 나라의 민의를 대표한다는 국회의원이라는 개^#&들이, 중국 놈들의 가랑이 밑으로 파고들어 똥구녕을 핥아가며 애교와 재롱을 떨면서도, 어찌 일본에게는 이토록 박절하고 야박하게 군단 말인가?

이런 현상은 한마디로 일본 열등감에서 비롯된 것이다. 일본을 홍어 거시기처럼 비하해서 위안을 찾자는 협량 탓인 것이다. 그러나 일본이 조선 엽전들의 홍어 거시기로만 폄하될 나라인가? 바꾸어 얘기하면, 솔직한 얘기로 조선 엽전들은 지금 하루 강아지 범 무서운 줄 모르고 있다.

극일 극일하지만, 이런 식으로 일본에 보복하고 모멸감을 준다면 일본은 결단코 선린 국가가 아니라 중국보다, 아니 북괴보다 더한 적국으로 변할 수 있다. 오늘날 일본의 행동과 분노가 이미 그 언저리에 와 있는 것이다.

중국 놈에게 당하고, 일본에게 미움받고, 미국에게 버림받는 그
날은 문재인과 그 아류 그리고 종북 좌빨들이 쳐 놓은 그물 속으로
뛰어든 생선 꼬라지로 될 것이 자명하다. 한 뼘도 안 되는 배달민족
의 자존심만 내세울 게 아니라, 더 이상 적을 만들지 말자.

열중 쉬엇! 차렷! 정신 차렷! 이 엽전들아! 그리고 나 혼자라도 일
본에 사과하고 싶다.

◇ 일본은 무죄다!

- 산동거사 오병규

　박정희 대통령께서 국본(國本)을 '수출 입국'이라는 모토 아래 무엇이 되었든, 하다못해 방바닥에 굴러다니던 머리카락마저도, 수출에 큰 몫을 하던 때였을 만큼, 온 국민이 총화단결 하여 외화벌이에 동참하고 열심히 뛰던 시절이었지만, 일부분 부작용도 있었다. 특히 한일협정 이후 지리적으로 가장 가까운 일본인들이 비즈니스 관계로 이 땅으로 쏟아져 들어오며 그들 대부분이 현지처를 하나씩 두는 게 관례였고 보편화된 시절이 있었다. 솔직히 이게 말이 좋아 현지처이지 위안부(慰安婦)나 마찬가지였다.

　위안부(慰安婦), 사전적 의미는, 전시에 전쟁터의 군인을 위안하기 위해 성(性)의 도구로 동원되는 여자를 말한다. 강제 동원되는 경우가 대부분이었지만, 개 중에는 목구멍에 풀칠하기 위해 자발적인 참가자도 있었다고 한다. 이 땅에 광복이 오고, 격랑이 일고, 6·25가 터지자 16개국의 UN군이 이 땅에 일어난 동족상잔의 전화에 참전하며 진군해 오자, 그들을 상대로 이른바 양공주라고 하는 위안부

들이 자생하였다. 이게 위안부의 실체다.

일본은 태평양전쟁을 일으키며 정신대(挺身隊)라는 명칭 아래 부대를 조직한다. 어떤 목적을 위해 솔선해서 몸을 바치는 부대라는 뜻으로, 일제가 전쟁을 위해 동원한 인력조직이었고, 남녀 모두 그 대상이 되었는데, 농촌정신대 · 보도정신대 · 의료정신대 · 근로정신대 등이 있었으며, 이 중에서 여성으로만 구성된 경우를 여성정신대라고 불렀는데, 세월이 흐르며 정신대(挺身隊)라는 말은 자연스럽게 일본군 위안부를 지칭하는 용어로 굳어졌다.

따라서 정신대는 강점기의 일본이 강압적으로 만든 부대(部隊)였고, 그들이 만든 부대였으니, 문헌상이나 어떤 자료에도 꼼짝달싹할 수 없는 진실인 것이다. 그런데 그 정신대라는 명칭을 무슨 큰 업적이나 되는 양 위안부(慰安婦)로 바꾸어 부른 정권이 김대중 정권이었다. 당시 김대중 정권에서는 비단 정신대라는 단어뿐 아니라 청소원을 미화원, 우체부를 집배원, 구두닦이를 구두 미화원 등등 그야말로 단어 미화에 정열을 쏟았지만, 그 후 그들이 신분상으로 이득을 얻었거나 격상된 게 있었던가?

물론 김대중 딴에는 정신대라는 글자로 표현하기에도 끔찍한 단어를 순화시킨다고 한 짓이겠지만, 오히려 일본으로 하여 면피의 기회를 제공한 하나의 계기가 된 것이다. 결국 일본 입장에서는 참으로 고맙게도 정신대라는 부대가 없어지고 위안부라는, 달리 해석하면 쾌락이나 돈벌이를 위해 스스로 몸을 던진 여성들의 집단으로 생떼를 쓸 수 있는 빌미가 된 것이다. 실제 위안부라는 표현으로 바꾼 이후 일본은 지금껏 '강제 동원이 아닌 스스로 돈벌이를 위해 참여' 했다는 주장을 펼치고 있다. 따라서 정신대 문제가 오늘까지 난항을 걸어온 것은 바로 이런 연유에 있었다.

어쨌든 김대중 정권의 쓸데없는 단어 정립은 사족(蛇足)이 되었고, 그것이 오히려 한일관계를 더욱 악화시킨 주체가 되었고, 결국 김대중 정권을 포함하여 3대 15년이라는 세월이 흘렀지만 어느 누구도 삐딱해진 한일관계, 특히 정신대 문제는 아예 손을 놓고 지내던 것을 현임 대통령 박근혜가 과감히 수술하고 새로운 한일관계를 재정립시켰던 것이다.

어제 어떤 이의 "한일 위안부 문제 충돌, 창피하다"라는 글을 보았다. 나는 이 이가 왜 창피한지 그 이유를 모르겠다. 그가 '최근 부산 일본총영사관 앞에 설치한 소녀상 철거 문제로 한일 간에 불편한 신경전이 촉발된 것은 전적으로 우리 측의 책임이다.'라며 반성하는 태도는 나무랄 데가 없다. 그러나 같은 반성이라도 공권력을 동원해서라도 일본 측이 싫어하는 '소녀상 건립'을 막아야 했었다.

그런데 엉뚱하게도 그 반성의 불똥이 박근혜 정권을 타매(唾罵)하는 방향으로 흐른다. 즉, 한일 위안부 문제 합의문에 '최종적이고 불가역적'이라는 문구를 삽입한 것은 도저히 용서할 수 없는 굴욕적 외교라며, 덧붙여 이런 문구를 왜 국민에게 물어보지 않았느냐며 호통을 친다.

먼저 묻고 싶다. 국가 간의 외교를 함에 있어 '이거 어찌 하오리까?'라고 일일이 국민에게 묻고 투표하여 결정하는가? 설사 물으면 어떤 경우에라도 불평을 안 할 국민성이고 또 다수결에 의한 결정이라고 그것을 인정해 주었던가? 51.4% 유권자의 지지를 득하고 당선된 대통령을 아직도 인정 못 하겠다며 '탄핵소추'까지 한 것은, 최순실 사태가 불러온 것이 아니라 그 저의와 근간에는 대통령으로 인정 못 하겠다는 심보에서 기인한 것이 아니던가?

그리고 하나만 더 물어보자. 소위 정신대 할머니들이 진실로 원하는 것은 무엇일까? 일본의 사과일까? 일본의 사과만 있으면 보상 따윈 필요 없을까?

여기서 우리 스스로를 돌아보자. 제 돈 주고 뱃길로 여행하다 죽은 세월호 사태를 보자. 아직도 끝나지 않은 대통령의 7시간을 두고 청문회까지 벌이고 있다. 1,000일 넘은 이 시각까지! 이 나라가 그렇게 한가한 시점이냐? 그 시각 가라앉는 배를 보고 대통령이 빨리 가라앉으라고 기도를 했을까? 당시 대통령의 일거수일투족이 다 밝혀졌다면 어쩔 것인가? 대통령의 사과? 그 사과로 모든 사태를 마무리 지을까? 보상 따윈 필요 없을까?

문제는 결코 사과가 중요한 게 아니라는 것이다. 정신대도 그렇고 대통령의 사과도 그렇고, 보상이 더 큰 문제로 부각 될 것이다. 대통령이나 일본이나 그래서 더더욱 밝힐 수도, 사과도 할 수 없는 것이다. 정말 사과만을 요구한다면 모든 보상은 국가나 사회에 헌납하겠다는 각서라도 받아내야 할 것이다. 정신대 문제도 세월호 문제도, 대통령에게 혐의를 뒤집어씌우고 흠집을 가하여 정권교체를 노리는 종북세력들의 선동질에 불과한 것이다. 이 모든 것이 종북 좌파들의 자화상인 것이다.

◇ 동상과 우상 그리고 소녀상

- 산동거사 오병규

1·21사태 청와대 습격 사건이 있던 울진, 삼척지구 해상으로 침투한 북한의 무장간첩 중 잔당 5명이 추격을 피해 북으로 도주하다 강원도 평창군 노동리 계방산 중턱 이승복 군의 초가집에 침입했다. 당시 속사국민학교 2학년생인 이승복 군에게 "남조선이 좋으냐, 북조선이 좋으냐"고 질문하자, 이승복은 "나는 공산당이 싫어요."라고 했고, 격분한 공비들은 대검으로 이승복의 입을 찢어 문자 그대로 무참하게 살해했다. 그 후 이승복은 반공의 상징이 되어 초등학교에 동상이 세워지고, 도덕 교과서에도 실렸고, 나중에는 평창군 대관령 정상에 '이승복 반공관'이 설립되기도 했다.

세월이 흘러 이승복의 '나는 공산당이 싫어요' 라는 그 사건 자체가 진실이냐 아니냐를 두고 빨갱이인 김대중 정권 당시 소동을 벌이다가, 진실이었다는 대법원의 판결이 있고 잠잠해지는 줄 알았는데, 드디어 작년 말(2018년 11월) 그 문제가 다시 세상에 드러나게 된 것은 빨갱이 성향의 울산시 교육감이 간부 회의에서 지역 내의 초등학교에 남아 있는 이승복 동상을 철거를 지시했고, 이에 보수언론과 보수단체가 반발하자, 민주당을 비롯한 진보정당들은 "이념적 관점에서 반발한다"며 교육감을 지지하고 나섰다.

돌이켜보면, 이승복 동상은 대한민국의 웬만한 초등학교에 거의 다 있었고, 그것처럼 반공교육의 좋은 소재는 없었다. 그러나 때론 과유불급(過猶不及)이라지 않든가. 어떤 사조(思潮)에 의해 동상은 세웠지만 그것을 싫어하는 교육자도, 가령 전교조나 빨갱이 성향의 무리도, 있을 것이고 또는 늘상 옆에 있는 것이라 관리를 제대로 하지 않은 탓으로 눈비를 맞아 흉물처럼 변한 동상이 성(聖)스럽지만은 않을 것이다. 나같이 철저한 '토착왜구'의 눈에도! 그런데 문제는 그 동상철거의 이유가 빨갱이 교육감과 그녀를 지지하는 정당의 변(辯)에도 있듯이 "이념적 관점에서 반발"한다는 것이다.

며칠 전 안산의 어떤 공원에 세워져 있는 위안부 소녀상(빨갱이들은 평화의 소녀상이라고 명명하지만, 위안부 소녀상이 평화와 무슨 관계가 있었나?)을 향해 청년들이 침을 뱉었고, 그것을 목격한 애국자(?)가 당국에 신고를 하자 나라가 양은 냄비 물 끓듯 끓어올랐다. 특히 근간 벌어진 한일 간의 미묘한 문제 때문에 그 청년들이 일본인이었다는 루머까지 퍼졌던 것인데, 잡고 보니 우리나라 사람이었다.

소녀상이 모두 동으로 주조했는지 알 수 없으나, 반공교육의 지표가 됐던 이승복 상은 싸구려 석고상이 주종이었다. 그에 비하면 소녀상은 금수저로 태어났는지 비까번쩍하다. 어떤 형태든 그 나라 또는 지방의 이념적 상징이다. 종교적인 게 아니라면 그냥 상징적으로 한두 개 만들고, 그것을 세우게 된 이유나 까닭을 생각하고 유념(有念)하면 되는 것이다. 그런데 이승복 동상이나 소녀상이나 전국 방방곡곡에 세워져 눈길 가는 곳마다 없는 곳이 없다면, 이것은 기념적인 것이 아니라 이것을 싫어하고 짜증을 불러올 수 있는 국민도 있을 것 아닌가?

특히 이승복 동상을 철거하는 변에 "이념적"이라는 분명하고 확실한 언급이 있었다. 그렇다면 그 이념의 반대에 있는 사람들은 침을 뱉을 수도 있는 것 아닌가? 오히려 망치나 해머로 훼손을 시키지 않는 이상 그들의 행동에 누가 침을 뱉을 수 있겠는가?

주지하다시피, 북쪽에는 김일성과 김정일의 동상이 방방곡곡에 있는 것으로 알고 있다. 언제가 될지 모르지만, 남쪽에 의해 평화통일이 된다면 놈들의 동상을 그냥 둘 것인가? 반대로 적화통일이 되면 남쪽 땅끝까지, 면 소재지를 넘어 마을까지 세우지 않을까?

소녀상이 대중적 인기를 얻어 맹목적으로 존경하고 추종하는 우상(偶像)은 아니잖은가. 설령 대중의 인기를 얻은 우상이라 해도 그 우상을 추종하는 이도 증오하는 이도 있을 수 있는 것이다. 전국 방방곡곡에 세워두고 요란을 떤다면 싫증 나는 사람도 분명 있을 것이다. 싫어하다 보면 과격하게 침을 뱉을 수도 있을 것이다.

그런데 그런 청년들에게 벌금형이라니, 훼손도 아닌 단지 침을 뱉었다고? 이 땅이 벌써 이념적 동상을 추종하는 빨갱이 국가가 됐단 것인가? 모든 나라가 망하고 새 정권이 들어설 때 보면 가장 먼저 반대편 인물의 동상 제거를 본보기로 세운다. 이라크의 '사담 후세인'의 동상이 맥없이 목 매달리고, 리비아의 '카다피'가 그러했고, 아니 한 말로 이승복의 동상이 그랬잖아? 동상에 침 뱉었다고, 강력범 아니 삽살개 말대로, 현행범도 제대로 못 잡는 경찰이 강력범 이상으로 수사하고 순식간에 검거했다니, 참……

◇ 토착왜구라고 애국심이 없겠느냐?

- 산동거사 오병규

조선을 동경한 일본 장수 '사야가(沙也加)'. 사야가(沙也加 또는 沙也可)는 1571년(선조 4년) 1월 3일 일본에서 태어났다. 일본에서 어린 시절을 보내던 그는 임진왜란이 일어나는 1592년(선조 25년)에 처음으로 조선의 땅을 밟게 되었다. 이때 사야가는 가토 기요마사[加藤淸正] 휘하의 선봉장이었으며, 3천 명의 병사를 거느리고 조선에 왔다. 그런데 그는 불과 며칠 만에 조국 일본을 향해 돌진하는 조선의 장수로 변해 있었다. 그는 더 이상 일본인이 아니라, 조선에 귀화한 조선인이 되어 있었다.

이처럼 당시 왜군 중에는 조선에 투항해 왜군과 맞서 싸운 이들이 있었다. 조선에 투항한 일본인을 '항복한 왜군'이라 하여 '항왜(降倭)'라 칭했다. 항왜는 적의 사정을 정확히 파악하는 데 도움을 주고, 조총을 비롯한 일본의 무기 관련 기술을 전수해 주는 등 여러모로 유용한 존재였다. 보통 항왜는 전황이 좋지 못해 투항한 이들이 대부분이었다. 그런데 사야가는 그들과 달랐다. 그는 조선을 동경하여 처음부터 투항을 결심했다고 술회하고 있다.

사야가는 그의 뛰어난 전공을 인정한 도원수 권율(權慄), 어사 한준겸(韓浚謙) 등의 주청으로 성명(姓名)을 하사받았으며, 자헌대부(資憲大夫)에 올랐다. 사야가가 조선인 '김충선'으로 거듭 태어나는 역사적인 날이었다. 선조는 "바다를 건너온 모래(沙)를 걸러 금(金)을 얻었다"며 김해 김씨로 사성(賜姓)하였다. 이름은 충성스럽고 착하다는 '충선(忠善)'으로 지어졌다. 그런데 기가 막히는 사실은, 김충선 장군의 후손들은 나라를 위해 목숨을 걸고 싸운 명예로운 조상님을 두고도 오히려 쪽발이니 게다짝이니 하며 놀림을 받았다고 술회하고 있다.

현금 이 나라는 두 부류의 국민이 산다. 보수와 진보, 여와 야를 따로 지지하는 국민으로 나뉘어 있다. 물론 그 중간에 이도 저도 아닌 줏대 없는 박쥐 같은 부류가 없는 것은 아니나, 어쨌든 크게 두 부류만 나누자. 그런 가운데 보수나 야당을 지지하는 국민들을 싸잡아 '토착왜구'라는 주홍 글씨를 붙이고 있는 것이다.

그래 나는 토착왜구다. 부끄러울 게 하나도 없다. 조선을 동경한 일본 장수 '사야가(沙也加)', 즉 김충선 장군은 자신의 조국을 배반하고 귀화를 하여 조선을 위해 애국을 했지만, 나 토착왜구는 조선 땅에서 옥쇄하는 기분으로 내가 좋아하는 일본을 위해 애국을 하고자 다짐한다. 너희들이 똥 돼지 김정은과 그 나라를 위해 애국과 충성을 바치고 있는데, 나 같은 토착왜구라고 애국심과 주군에 대한 충성심이 없겠느냐? 그래서 하는 말이다.

◇ 애국과 이적 그리고 국익

– 산동거사 오병규

며칠 전 조선일보에 조국 수석의 발언에 관한 기사 한 자락이다.

조 수석은 18일 자신의 페이스북에 "중요한 것은 '진보냐 보수
냐', '좌(左)냐 우(右)냐'가 아닌 '애국이냐 이적(敵)이냐'이다"라
며, "대한민국의 의사와 무관하게 경제전쟁이 발발했다"고 적었
다. 이어 조 수석은 "문재인 대통령은 경제전쟁의 '최고 통수권
자'로 혼신의 힘을 다하고 있다."며, "전쟁 속에서도 협상은 진행
되기 마련이고, 가능하면 빨리 종전해야 한다. 그러나 전쟁은 전쟁
이다"고 했다.

참으로 삽살개보다 더 미친놈이다. 나는 도대체 이런 아류의 인
간들이 법학자라 하고, 이 나라 최고 명문대 교수질을 하며, 어찌 운
을 타고나 권력의 정점에서 제 마음대로 아가리를 놀리는지 모르겠
다. 삽살개의 오지랖이나 실정(失政)은 결국 이런 형편 무인지경의
대갈빡에서 나온 무지스런 생각과 조언에 지배당했기 때문이다. 그

게 바로 A4용지 국정과 외교이며, 결국 사달이 난 오늘날의 한일 관계이다.

저 멍청한 엉터리 법학자 조국이 뇌까린 "중요한 것은 '진보냐 보수냐', '좌(左)냐 우(右)냐'가 아니"라는 생각과 표현이 얼마나 위험천만한 것인지 절대 잊어선 안 될 사실을 간과한 것이다. 물론 이 점을 간과한 것은 소위 보수라고 하는 우파도 마찬가지이다.

첫째, 좌와 우가 왜 생겼는지를 잊어먹은 것이다. 이 땅은 지구촌 유일의 분단국가이다. 좌와 우는 땅덩이가 분단된 이후 파생된 사상과 이념이다. 지구촌 분단국이 아닌 어느 나라가 좌우로 대립된 국가가 있는가? 혹시라도 어떤 국가 중 이념적으로 대립각을 세운다면 그것은 좌우가 아니라 진보와 퇴보인 것이다.

둘째, 오늘날까지 이 땅에서 대립각을 세우고 좌우 논쟁을 벌이는 가장 큰 이유는 전쟁 없는 평화가 너무 길게 유지된 탓이다. 솔직히 6·25 이후 또 다른 전쟁이 터져 어느 한쪽이 승리하고 통일이 되었더라면 이런 식의 좌우 대립은 없었을 것이다. 베트남이 그렇잖은가? 어디 베트남뿐이겠는가. 그렇게 남은 남, 북은 북, 그대로 살면 될 것을 굳이 평화니 통일이니 어쭙잖은 개수작을 부리는 가운데 더하여 설상가상으로 일본과의 외교 분쟁이 발발한 것이다. 평화가 너무 오래 지속되다 보니 이웃 나라 일본을 집적거린 것이기도 하고. 엉뚱한 얘기가 길어졌다.

조국이라는 엉터리 법학자의 아가리 놀림을 조금 더 분석해 보겠다. 여태 설명을 했지마는, 이 땅에는 분명 좌와 우가 상존하며 승부도 안 나는 자웅(雌雄)을 겨루고 있다. 누군가 하나는 죽어 없어져야 끝나는 싸움이기도 하고. 그런데 좌우가 없다? 저 자가 정말 무지하거나 무식하거나 둘 중 하나이다. 남북이 분단국가가 되면서 좌우의 이념과 사상도 생겨났다고 미리 말씀드렸다. 결국 좌와 우는 이념과 사상을 달리하는 만큼 각각의 애국심(愛國心) 또는 애국론(愛國論)이 당연히 다른 것이다. 일반적인 보수는 일본과 선린관계를 유지하자는 것이고, 소위 좌경 빨갱이는 북쪽을 신봉하고 일본과 대립각을 세우는 것을 애국으로 알고 있는 만큼, 애국하는 방법이 다른 것이다.

문재인이 대통령 후보 시절부터 일본을 갈구고 자극해 온 것은 좌파의 이념이기도 하지만, 신념이고 좌파적 애국인 것이다. 그러나 우파적 생각은 그 반대로, 일본과는 우방으로 선린 국가가 되어야 한다고 주장하는 것이 우파적 애국인 것이다. 한 마디로 좌우로 갈라진 분단국가의 애환(哀歡)인 것이다.

애국이란 나라를 사랑하는 마음이다. 좌파적 애국이든 우파적 애국이든 애국심이 다를 수 있는 것이다. 그것이 곧 이념과 사상의 다툼인 것이다. 그런데 좌파적 애국에 동조 않는다고 저희가 권력을 쥐고 있다고 우파적 애국심을 이적(利敵) 행위로 간주(看做)한다면 뒷날 밝은 세상이 온 후 저 아가리에 무엇을 퍼 넣어야 할까?

정말 무지막지한 아가리이다. 대한민국의 의사와 무관하게 경제 전쟁이 발발했단다. 일본이 언제 전쟁하자고 했는가? 그들은 지난날 조상들의 죄업으로 직접 지은 죄 없이 주눅이 들어있다. 그런즉 제발 과거를 묻지 말고 잊어달라는 것뿐이다. 그러나 이 땅의 지도자들은 일본의 아픈 곳을 극악(極惡)스럽게 문지르고 소금을 뿌리는 것으로 정치적 자산을 삼아 왔다. 그 심도(深度)가 문재인 정권에 이르러 더 깊어졌기에 일본은 인내심의 한계를 표출한 것이 이번 사태인 것이다.

문재인과 조국 그리고 좌파들이 나름의 애국을 하려다 저지른 사태이다. 그 또한 선행적 애국인 것이다. 위의 젊은이가 저지른 실수는 충분히 납득이 가고 이해를 할 수 있다. 그러나 법에는 선처는 가능할지 모르지만 용서는 없다. 문재인과 조국의 좌파적 선행 그리고 애국은 충분히 이해도 되고 납득할 수도 있다. 그러나 용서가 안 된다.

전쟁에 패한 역적이 남기고 간 배 12척을 근본으로 삼고 이순신 장군께서는 애국적 승리를 거두었다. 문재인이 어느 장소인가에서 이 사실을 개구(開口)하며 화제로 삼았다. 그렇지. 남은 것은 그런 심정으로 승리를 하자는 얘기겠지? 정말 좋은 생각이다. 일본과의 전쟁에서 반드시 승리해야 한다. 그리고 문재인과 조국은 장렬(壯烈)히 DG는 것으로 오늘의 얘기를 끝내겠다.

◇ 아베와 문재인의 개싸움 관전평

- 산동거사 오병규

　단도직입적으로 이번 한일외교를 벗어난 경제전쟁은 아베와 문재인 두 지도자의 개인전이 결국 국가 대항전으로 번진 것이다. 굳이 개인전이라고 하는 것은 두 사람이 국정(國政)보다는 개인의 인지도, 즉 지지율에 천착(穿鑿)한 나머지 죄 없는 양국의 국민을 선동한 싸움이 된 것이다. 그러나 이 싸움의 발단, 즉 시비를 먼저 건 쪽은 호불호를 떠나 수백 번을 강조했지만 문재인 쪽이다. 그것도 일반적 시비도 아닌 아주 극악(極惡)스럽고 야비(野卑)한 방법을 이용한 것이다.

　오기(吳起)의 오자병법(吳子兵法)에 보면 전쟁이 일어나는 조건에 다섯 가지가 있다.
　1) 명성(名聲)을 얻기 위해
　2) 이익(利益)을 얻기 위해
　3) 복수(復讐)를 하기 위해
　4) 내란(內亂)에 의해
　5) 흉년이 들어 백성들의 식량이 부족할 때

다섯 가지 조건은 국가 간의 전쟁이 아닌 시정잡배나 조폭들의 전쟁에 적용해도 하나 틀릴 게 없다. 가령 신흥 조폭이 명성을 얻기 위해 기존 조폭에게 시비를 걸고 두각을 나타내거나, 각 패거리의 나와바리에서 생기는 수익이 적을 때 다른 조폭의 나와바리를 침범한다거나, 아니면 언젠가 패싸움에서 두목이나 아니면 졸개끼리 진 싸움의 복수를 한다거나, 같은 패거리 속에서 지위 다툼을 할 수도, 그리고 수익이나 사업이 제대로 안 될 때 이웃 조폭에게 시비를 걸고 전쟁을 하는 경우가 딱 오자병법에 나오는 것들이다. 위의 전쟁이 일어나는 다섯 가지를 문재인에게 대입시켜 보면 오자병법의 지적이 놀랍지 않은가?

이어 오기는 말하기를 "어떠한 경우라도 싸움을 피해야 하는 다섯 가지 상황" 또한 있다고 했다.
1) 상대편 국토가 넓고 백성들의 생활이 풍요롭고 인구가 많은 경우.
2) 군대의 수가 많고 정비도 잘 되어 있을 경우.
3) 이웃 나라나 큰 나라로부터 원조를 받고 있는 경우.
4) 상대국의 임금이 백성들의 신임을 얻고 있는 경우.
5) 형벌이 공정하고 법치가 서 있는 경우.

이상이 적을 공격해서는 안 되는 경우를 열거한 것이다. 이는 적군의 상황이라기보다 적국의 정치적 상황에 대한 관찰이다. 적국에 선정(善政)이 베풀어지고 안정이 되어 있으며, 타국과 외교 관계가 원만하면 공격하지 말아야 한다고 되어 있다. 역시 위의 다섯 가지

상황을 두고 일본과 문재인 정권을 대입시켜 비교해 보면 어떨까? 문재인 정권이 단 하나라도 일본보다 우위에 있는 게 있는가? 그런데 문재인은 이 점을 무시하고 일본에 선제공격을 가한 것이다.

전쟁이 일어나는 다섯 가지 조건과 전쟁을 피해야 할 다섯 가지 조건을 면밀히 검토할 것도 없이 대충 읽어도 하지 말아야 할 전쟁을 일으킨 것과 설령 상대가 선제공격했어도 지혜롭게 피했어야 할 전쟁을 먼저 일으킨 문재인은 천시(天時)를 무시한 멍청이거나 큰 수레바퀴에 들이대는 사마귀인 것이다.

그런데 문제는 누구의 잘잘못을 따지기 전에 이 전쟁은 결코 빨리 끝나지 않는다는 데 있다. 더 큰 문제는, 대일본 제국은 전쟁이 일어나면 소위 가미가제 특공대식의 결사 항전의 의지를 보이며 국민들이 일치단결(一致團結)하지만, 문재인 정권은 안타깝게도 진보와 보수 또는 반일(反日)과 친일, 나아가 자유민주주의 수호자와 빨갱이로 사분오열(四分五裂)되어 국론이 쪼개져 있기에 전쟁이라는 단어가 무색할 만큼 지리멸렬(支離滅裂)해 있는 것이다.

전쟁은 희생이 많고 전황이 불리한 쪽이 항복을 해야만 휴전이나 종전이 되는 것이다. 그런데 현재의 전황(戰況)을 살펴보면, 일본으로부터 얻어맞아 나라는 만신창이(滿身瘡痍)가 되고 풍전등화임에도 "文대통령 지지율 51.8% 8개월 래 최고." "단호한 대일 대응 영향"이라는 웃지 못할 상황에 놓여 있는 것이다. 역시 문재인은 선동질의 대가이며 저 죽을 줄 모르고 불 속으로 뛰어드는 부나방이나 개돼지들의 수장이 틀림없다.

두 번째 이유는, 일본 내 참의원 선거에서 승리한 아베 수상의 다짐과 의지 표명이다. "국익 지키는 외교 추진하라는 국민의 뜻", 사실 아베 수상은 참의원 선거에 패했어도 삽살개의 망발(妄發)을 응징하거나 버르장머리를 고쳐주려고 다짐을 했지만, 그래도 국민의 정서와 이목을 무시할 수 없었던 차에 이번 쾌승은 일본도 하나가 아닌 이도류(二刀類), 즉 쌍칼을 손에 쥔 격이 된 것이다.

문재인 하는 꼬라지를 보면 마치 무딘 조선낫을 휘두르는 동학군 촌놈처럼 날뛰지만, 그야말로 서슬이 퍼렇게 날 선 일본도(日本刀), 그것도 쌍칼을 잡은 아베 수상의 공격에 삽살개의 모가지 날아가는 것은 명약관화(明若觀火)하지만, 독사처럼 약이 오른 아베의 쌍칼이 문재인을 벤 후 선량하고 죄 없는 이 땅의 백성까지 유린(蹂躪)할 것이 몹시 저어되는 것이다.

이런 삽살개 짖는 헛소리 하지 말고, 그놈의 지지도에 고무되어 전쟁을 계속한다면 나라와 국민만 죽어나는 것이다. 삽살개의 그 더러운 욕심이나 자신감이 줄어들수록 역비례(逆比例)하여 나라와 국민이 살 수 있다. 지금이라도 항복하자! 그게 삽살개 살리고 죄 없는 백성(기업) 살리는 첩경(捷徑)인 것이다.

◇ 위안부와 부용회(芙蓉會)

- 산동거사 오병규

대소가(大小家) 되는 형수가 70년대 안국동에서 하숙집을 했었다.
그 집이 한때 유명했던 배우 남정임 씨의 집이었는데, 그녀가 인기가
오르자 어디론가 이사를 하며, 그 집을 사서 하숙을 치게 된 것이다.
정방형의 꽤 너른 한옥이었는데, 학생 한둘을 제하면 일반 직장인들
이었고, 방 두 개는 임자가 따로 있었다.

하나는 당시 한창 유행처럼 번졌던 일본인 현지처라는 아가씨가
그 주인공이고, 다른 하나는 중년의 부부가 고등학생 딸아이 하나를
데리고 살림을 했었다. 그 부인이 곱상하여 참 조신한 느낌을 가졌었
는데, 나중에 듣고 보니 일본 여자라는 것과 남편 되는 양반이 일본
에 징용으로 끌려갔다가 그곳에서 만나 부부의 연을 맺고, 해방이 되
자 함께 건너온 것이라고 했다.

당시의 분위기가 좀 특이했던 것은, 일본인 현지처라는 아가씨는
외화벌이를 해서 그런지 당당하게 행동하며, 돈 많은 일본인을 물었

는지 가끔 선심도 쓰고 그랬던 기억이 있고, 일본 아주머니는 다소곳함을 넘어 무슨 죄인인 양 항상 사람들을 정시하지 못함을 느꼈다. 남편 되는 양반은 일식당 요리사로 알고 있었는데, 그 후 군대를 다녀와 놀러 갔더니 그사이 아주머니가 이혼을 하고 혼자 산다는 소식을 끝으로 후의 일은 내 기억에서 사라졌다.

부용회(芙蓉會)라는 게 있는 모양이다. 부용회는 한국 남자와 결혼했다가 해방 후 버림받고 내쳐진 일본인 아내들의 모임이란다. 부용회가 생긴 내력이 그렇단다. 일본으로 유학, 징용, 징병을 온 한국 남자들과 눈이 맞아 살다가 해방이 되자 한국 남자를 따라 들어왔지만, 막상 한국에 도착해 보니 남아 있는 일본인들도 맞아 죽을 판인 그런 사회 분위기를 전혀 몰랐고, 게다가 사랑했던 남자는 이미 한국에 가정이 있거나, 안 그런 경우에도 시집의 구박과 학대가 심해 쫓겨나고, 결국 파혼(破婚)과 냉대, 멸시를 겪어야만 했던 것이다. 뭔가 잘못됐다고 생각한 그녀들이 일본으로 귀국을 시도했지만, 한일 국교가 단절된 상태라 귀국선마저 끊겨 오도 가도 못 하게 된 처지의 여성들은 의도치 않게 타국의 6·25도 겪으며 죽고, 살아남은 여성은 남의 집 식모를 하거나 술집에서 몸을 팔아가며 치욕의 삶을 살아온 여성이 4천 명이 훨씬 넘었고, 이제 대부분 저세상 사람이 됐다는 것이다.

정신대라는 이름으로 강제 동원된 우리의 할머니가 몇 분인지 모르겠다. 물론 숫자가 중요한 것은 아니다. 그러나 기록에 의하면, 한국 남성으로부터 버림을 받은 일본 할머니가 4천 명을 훨씬 넘었다는 것은 간과할 일은 아닌 것이다. 순정을 바쳐 몸과 마음으로 사랑한 낭군님을 따라왔다가 이국땅에서 버림받은 것이나, 강제 동원되어 이국땅에서 능욕을 당했던 우리네 할머니나 여성으로 겪어야 할 그 수모와 수치 나아가 영육의 공황과 피해는 어느 쪽이 더하고 덜하지 않을 것이다.

그러나 정말 아이러니한 것은, 위안부는 세상에 드러내고 큰소리치며 보상을 받아내고 받기도 했지만, 서방님 따라 이국까지 온 부용회 할머니들은 시집의 나라나 친정인 일본에 절대 구차한 소리를 하지 않는다는 것이다. 다만 일본 정부에서 이런 사실을 오래전에 알고 대대적으로 르포형 기사로 취급한 후 사회적 문제로 부각시켜 일본 호적을 가진 할머니에 대해 긴급구호 형식으로 개인당 얼마씩 지급해 주는 금액이 오늘날 부용회를 지탱하고 있다는 것이다.

따지고 보면, 위안부 할머니나 부용회 할머니나 동시대를 살아온 같은 여성이라는 사실이다. 일본이 불행에 빠진 자국 여성들을 대 놓고 돕지 못하는 것은 능력이 없어서가 아닐 것이다. 저들이 저지른 죄업에 대한 미안함일 것이다.

어젠가 그제 몇 분 남지 않은 위안부 할머니 한 분이 돌아가신 모양이다. 전국적으로 50여 명 남은 부용회 할머니들도 평균 연세가 90세라는 기사를 보았다. 누가 더 불행했던가는 따질 수 없다. 우리네 할머니이니까 더 동정심을 가져야 하고, 일본 여성이니까 오불관언 해야 한다면 예의도 아닐뿐더러 국제사회의 일원이기를 포기 내지 방기(放棄)하는 것이다.

위안부 문제와 소녀상은 한일관계의 가장 큰 핵심이고 뜨거운 감자다. 100% 우리가 저지르고 우리가 주장하는 민족 감정이다. 두 나라의 관계가 원만하게 돌아가려면 꼭 이 문제가 발목을 잡는다. 혹자는 박근혜 정권의 위안부 협상을 두고 원천무효를 주장하지만, 내면을 따지고 보면 꼭 그런 것만은 아니다.

불과 며칠 전 동아일보 〈심규선 칼럼〉에는 이렇게 썼다. 현 시국이 어느 누구도 감히 위안부 문제를 건드리기 불편해 할 때 그는 참 기자의 용기를 가지고 칼럼을 썼다. 그 기사 일부를 발췌해 보자.

"이런 주장을 하려면 비난을 각오해야 한다. 분명히 말하지만, 일본 정부와 정치인들의 잘못된 주장, 위안부 합의 과정에서 부족했던 점에 대한 비판 등에는 기자도 동의한다. 국민 정서도 존중한다. 기자가 주목하는 것은 한국 언론이 보도한 것들이 아니라 보도하지 않는 것들에 관한 것이다. 일본 관련 보도에서도 언론은 '감정적인 선수'가 아니라 '냉정한 심판'이 돼야 국내외적으로 신뢰를 얻고, 궁극적으로 국익에 도움이 된다고 믿기 때문이다.

이런 문제는 어떤가. 위안부 합의 당시 생존 위안부 할머니는 46명이었다. 그중 34명이 '화해·치유재단'이 배상금 성격으로 지급하는 1억 원을 받겠다고 신청했고, 이 중 31명은 두 번에 나눠 이미 전액을 지급 받았다. 예상보다 많은 숫자로 의미가 있다. 그런데 이 보도 자료는 푸대접을 받았다. 국민 정서에 맞지 않아 쓰기 싫다는 기자도 있었다. 합의를 거부하는 할머니들이나 단체의 의견도 중요하지만, 고민 끝에 다른 결정을 내린 할머니들의 선택도 존중받아 마땅한 것 아닌가."

46명 중 34명이 배상을 끝으로 더 이상 이 문제를 거론하지 말자는 뜻이다. 나머지 10여 명의 할머니를 앞세워 소동을 피우고 있다. 단 한 명이 남을 때까지 정치적으로 악용하려는 세력 아니면 사회운동을 빌미 삼아 그 문제에 빌붙어 빌어먹는 세력이 존재하기 때문이다. 어째서 무엇 때문에 이토록 과거사에 천착하고 함몰이 되어 양국 간의 관계를 저해하는지 이젠 우리가 그 해답을 내놓아야 할 때가 아닐까?

친척 형수네 방 한 칸을 빌려 살림을 살다가 어디론가 사라진 그 아주머니가 이 땅에 살아 계신지, 또한 내 동생의 급우였던 그 딸아이는 어떠한지, 아니면 부용회에 계실까? 아직도 이 땅엔 위안부 할머니만큼 불쌍하고 버림받은 부용회 할머니들이 50여 명 살아가고 있단다.

◇ 일본을 위한 변명

— 산동거사 오병규

기원전 219년 천하를 통일한 진시황은 자신의 공덕을 선양하기 위해 천하를 돌기 시작했다. 이어 태산(泰山)에 제사를 지내고 다시 남쪽으로 내려가 발길을 멈춘 곳이 산동성 교남현 낭야산이었다.

그곳에 대(臺)를 세우고 목욕재계한 연후 다시 제를 지내며 자신의 소원을 빌고, 불로초와 불사약을 구해 오라며 동남동녀 3천을 떠나 보낸 곳이 왈, 낭야대라는 곳이다. 이 낭야대가 오늘날 산동성 청도시 서남쪽 150여 km에 위치해 있는 교남시 관내에 유적 관광지로 지금도 남아 있다.

역사적 사실 또는 유·무식과는 관계없이, 일반적인 중국인들의 대다수가 마치 우리네가 단군신화를 알고 있듯이, 동남동녀 3천이 불로장생의 약초를 구하러 온천지를 뒤지다 병들고 죽고 일부는 바닷길을 잃고 헤매다 정착한 곳이 섬나라 일본이며, 그들이 나라를 세웠으니 또한 일본인의 원조라는 것이다. 믿거나 말거나다. 따라서 일본인은 한족(漢族)의 후예라고 중국 아이들은 철석같이 믿고 있다.

20여 년 전 전여옥의 '일본은 없다' 라는 베스트셀러가 있었다. 그리고 10여 년이 다시 흐른 후 이 베스트셀러가 표절이니 아니니 말이 많았지만, 그중 이런 내용이 있다. 일본의 여성 앵커로 심야 뉴스를 진행하며 폭넓은 지지 기반을 갖고 있는 사쿠라이요시(櫻井浪子)는 이렇게 말했다.

"종군위안부 문제는 이미 한일협정으로 모두 끝난 문제입니다. 한국인 스스로가 끝내자고 도장을 찍고 지금 와서 배상이나 사죄 문제를 거론한다는 것은 국제사회의 질서나 조약 자체를 부정하는 것입니다. 그렇다면 어느 나라가 한국과 조약을 맺겠습니까? 그리고 한국은 왜 일본에게만 사죄를 요구하고 비난합니까? 중국은 더 오랜 세월 한국을 지배하고 억압하지 않았습니까? 중국도 한국에 얼마나 지독한 일을 했습니까? 그런데 한국 사람들은 왜 일본에 대해서는 그토록 집요하게 과거사를 물고 늘어지면서 중국에 대해서는 그렇게 너그럽습니까?"

이 대목에서 나는 전율하고 말았다. '사쿠라이요시(櫻井浪子)' 라는 여성앵커의 일침이 나의 심장을 후벼 파는 듯한 아픔으로 어필해 왔기 때문이다. 내가 이 나라의 밴댕이 소갈딱지 같은 아류들이 '친일문제와 과거사 청산' 이라는 명제를 두고 악악거릴 때마다 반론을 제기하고픈 이야기가 바로 그곳에 함축되어 있기 때문이다.

사실 그렇지 않던가? 정권이 바뀔 때마다, 이 나라의 국경일이 있을 때마다, 일본 놈들이 망언 일삼듯 일본에게 사죄 요구니 청산 요구를 하는 것이 마치 이 나라의 최고 통수권자로서의 치적이나 되는 것처럼 행동하는 것에 늘 불만스럽고, 등신들도 가지가지구나 하는 생각을 해 왔다. 이 나라의 최고 지도자들은 자신들의 실정과 정치적 위기가 닥칠 때마다 일본을 물고 넘어지는 교묘한 수법으로 국민의 정서를 집결시키는 탁월한 재주를 지니고 있다. 역설적으로 그런 재주를 국정에 대입시키면 더 훌륭한 지도자가 되지 않을까?

생각을 한번 해보자! 왜녀 앵커의 표현대로, 어째서 한반도 유사 이래 합산하면 천년도 넘을 중국인들의 만행은 규탄이나 항의 한번 해보지도 못하고, 한중 수교 이후 오히려 동북공정이라는 저들의 국가적 프로젝트에 의해 말살되고 왜곡되어 버린 우리의 역사의 진실은 어째서 한 마디의 호소나 요구를 하지 못하나? 어째서 일본의 압제 36년은 누대를 걸쳐 청산의 대상이고, 천년 압제는 과거로 돌리자는 위정자들의 발상에서, 우리네의 고정관념은 일본이라는 나라는 '홍어 거시기' 아니 거시기만도 못하다는 말인가? 기실 정말 경계해야 할 것은 아직도 북괴와의 끈을 놓지 않고 저울질하고 있는 중국에 대해서는 어찌 그렇게도 유연하고 통 큰 행보를 하는지 모르겠다.

한중 수교 이래 이 나라의 정치한다는 것들과 명망깨나 있는 자들은 중국을 꼴방구리 쥐 드나들 듯하며 그들의 지도자급 인사들과 손 한 번 잡으면 출세한 것으로 자부하는 세태가 아니던가? 언젠가 열린우리당의 대표라는 자는 중국 관료들이 김정일을 태웠다는 리무진 차로 자신을 맞았다며 희희낙락하는 기사가 있는 것도 중국을 종주 국으로 삼겠다는 신(新)사대주의의 확산이 아닌가 하는 우려가 드는 것이다.

◇ 빚쟁이와 한미일의 관계

– 산동거사 오병규

나의 바로 아래 동서는 이 나라 제일의 보험회사의 중간 간부급으로 근무하다가 IMF 때 구조조정으로 명예퇴직을 했다. 나이 40 초반에 아는 거라고는 보험 관계의 일 뿐이어서 그런지, 많지 않은 퇴직금과 명퇴금을 쏟아붓고 두어 해 안간힘을 쓰다가 결국 파산에 이르고, 집도 절도 없이 길거리에 나앉게 되었다. 당시 나는 중국에 상주하고 있었고 근근이 버텨 나가고 있던 시절이라 도움을 주고 싶어도 그럴 입장이 되지 못했다.

아무튼 무위도식(無爲徒食)하는 동서를 중국으로 불러들인 것은 나의 보따리 장사가 조금씩 발전해 나갈 때였다. 당시 여객선을 타고 한국과 중국을 오가며 농산물과 면세품을 소규모로 옮겨다 주기도 하고 또 밀거래도 하는 '따이궁(代工)'이라는 보따리상이 성행할 때였다.

말이 보따리상이지 사실 기업화된 따이궁들도 많았다. 나 역시 그들에게 내 상품들을 의뢰하곤 했기에 몇몇 따이궁 대상(大商)을 알고 있었던 터라, 그중 한 대상에게 처제와 동서의 취업을 부탁한 결과, 그 대열에 합류하여 2~3년 열심히 한 결과 빚도 웬만큼 갚고 생활이 안정되어 갔다.

말 타면 말구종(驅從) 두고 싶은 법. 사실 따이궁이라는 직업이 일주일이면 바다에 떠있는 시간이 사나흘, 한국과 중국에 하루씩만 육지 생활을 했던가 그랬다. 돈이 되고 안 되고를 떠나 고달픈 직업인 것만은 틀림없었을 것이다. 그래서 그랬던지 동서와 처제는 배에서 내리고 싶다며 통사정을 했다.

결국 내가 하라는 대로 어김없이 하겠다는 약조(約條)를 받고 본격적인 보따리장사에 입문(入門)시켜 주었다. 그뿐만 아니라, 물건 감정, 상담요령 등등 모든 노하우를 전수해 주었고, 그리고 가장 중요한 장사 자금까지 지원해 주고, 상품 구입 시 자금이 모자라면 나를 믿고 무조건 판매하라고 거래처에 부탁했다.

생각을 해보면 좀 어리석은 판단이었다. 나를 믿는 곳은 내가 신용을 쌓고 얻은 나의 오랜 거래처였었고, 또 처제와 동서는 처음부터 내가 주로 취급하는 아이템만 그대로 따라서 취급했으며, 더 기가 막힌 것은 똑같은 상품가격으로 공급을 받았다.

상도의(商道義)라는 게 있다. 아무리 하찮은 보따리장사지만 지켜야 할 도리, 그것도 인척(姻戚) 관계 동서가 아닌가. 그렇게 금전과 요령 등 지원을 아끼지 않았건만 내가 취급하는 아이템을 똑같이 구입한 후 가격을 후려치는 행위를 서슴지 않고 자행(恣行)했다.

어쨌든 지금은 빚 다 갚고 아파트도 두 채, 아들 하나 있는 거 뉴욕으로 유학도 보냈고 떵떵거리고 잘 산다. 내가 시방 배 아파서 하는 얘기가 아니다. 나도 내 삶이 평안하고 만족한데 배 아파할 이유가 전혀 없다. 다만 동서와 처제가 괘씸해서 그런다. 처음 몇 년간은 명절이나 연말이면 양주도 한 병 사 오고, 육포 안주도 보내오고 그러더니, 집 사고 고급 차 사고, 살 만하다고 양주고 육포고 하나도 없다. 꼭 먹어야 맛이 아니다. 근데 요새는 전화 한 통도 안 온다. 그렇다고 쪼잔하게 내가 전화해서 항의할 수도 없고. 처제, 그래도 이건 아니잖아, 그때의 육포도 좀 보내줘, 맛있었어.

빚의 사전적 의미는 타인에게 갚아야 할 돈이다. 그러나 꼭 금전만은 아니다. 다른 이에게 받은 은혜나 호의를 입었으면 또한 갚아야 하는 것이 빚이다. 다만 전자는 의무적이지만 후자는 금전적 채무나 채권과 달리 강제력이나 의무가 있는 것은 아니다. 양심에 맡길 뿐.

빚이라는 게 참 묘한 것이다. 조그만 공장을 하다가 파산을 했지만, 파산의 주요 원인은 부도를 냈기 때문이다. 그러나 그 부도의 원인이 전적으로 내게만 있을까? 결제받은 어음이 부도가 나고 채권자가 되어 빚 독촉을 하러 다녀 보았지만, 어떤 곳은 사정을 들어보면 오히려 보태주고 싶은 심정이고, 어떤 곳은 차라리 빚 독촉할 시간에 일이나 더 하자며 포기하는 경우도 있다. 빚 받으러 다니는 게 쉬운 거 같지만 결코 쉽지 않다. 그래서 채권을 포기하는 경우도 많다.

이쯤에서 한·미·일 관계를 설정해 보자.

문재인 정권 들어 얼마 지나지 않아 3만 불 시대를 저희 덕분에 열었다고 공치사한 적이 있었다. 그리고 조만간 5만 불 시대에 진입한다나 뭐라나 큰소리도 함께 했다. 그렇다면 부자 나라 맞잖아. 대한민국은 부자나라다.

듣는 미국은 어떨까? 더구나 나 같지 않은, 돈밖에 모르는 트럼프 대통령이라면? 스스로 부자라고 저렇게 만방에 공표하고 개수작 부린다면, 솔직히 나라도 은근히 심술이 날 것 같다. 돈 많은 부자 나라에 방위비 올리라는 게 잘못된 건가? 부자가 됐으면 명절이나 연말에 양주 한 병쯤, 육포 한 팩쯤은 보내야 하는 거 아닌가? 미리 밝혔지만 꼭 먹어야 맛이 아니다. 그게 아니라면 최소한 감사 카드 한 장쯤은 보내야 하는 거 아닌가? 소식 딱 끊고, 입 싹 닦고, 이게 인간이야? 그런데 더 기가 막히는 것은, 미국 너희가 내게 해 준 게 뭐 있어 하면서 대사관 담장을 넘고 반미를 외치고 그런다면, 이게 말이 돼? 내가 우리 동서나 처제가 인간 구실을 못 해도 내가 시비를 안 거는 것은 최소한 안티 오병규는 아니거든.

일본은 또 어떤가. 빚. 그 사람들 오래전에 갚았다고 생각하는 사람들이야. 그런데 자꾸 빚 갚으라고 개수작 부리는 거야. 우리 이렇게 생각을 해보자고. 일본을 향해 사과도 하고 빚도 갚으라고 하잖아? 그런데 가만히 생각을 해봐. 사과와 빚은 할 놈과 줄 놈이 칼자루를 쥐고 있는 거야. 할 놈이 버티고 줄 놈이 안 주면 못 받는 게 사과와 빚인 거다.

빚 받으러 다녀 봤지만 줄 놈이 없다고 버티면 방법이 없고 또 그런데 신경 쓰는 것은 시간 낭비라는 걸 알아야 돼. 그런 걸 세상만 바뀌면 저희 세상이라고 사과해라 빚 갚으라며 독촉하는 것도 모자라 저희가 만든 법으로 판결을 내리고 상대방 집 앞에서 농성을 하고, 너 같으면 하고 싶고 주고 싶겠어. 이거 자존심 싸움이지 물질이나 현금 싸움 아니라는 거 알잖아?

멍청이들! 이기고 지는 게 어디 있어? 지소미아 승리? 이겼으면 일본에 양보해라. 승자는 아량을 베푸는 게 이치다. 졌으면 일단 대갈빡 숙이고 져주는 척이라도 해라. 아까 이야기했지만, 자존심 싸움이지 국토가 점령당하고 외채상환을 독촉받은 거 아니잖아? 대갈빡 한 번 숙이면 세상이 편해지는데 그걸 삽살개 주인의 개 같은 자존심 때문에 나라가 흔들려야 하겠어? 훗날을 도모하자는 거다.

그도 저도 못 하면 정말 삽살개 저 놈 하루빨리 끌어내려야 해! 나라 더 망가지기 전에. 삽살개와 그 패거리만 없으면 한미일 관계는 금방 정상 회복된다.

◇ 친일론과 빨갱이론

- 산동거사 오병규

문재인 씨에게 먼저 하나 묻겠다.

며칠 전 당신은 "변형된 색깔론 기승 …… '빨갱이' 표현 청산해야 할 친일"이라는 화두를 던지며 '빨갱이' 표현과 '친일'을 동일시했다.

첫 번째 질문이다.

우선 '빨갱이'에 대한 정의부터 내려주기 바란다.

우리는 북쪽을 바라보고 그곳에서 잘 먹고 잘사는 지도층을 보고 '빨갱이'라고 한다. 그렇다면 김가 왕조 3대에 걸쳐 그런 부류를 제외한 일반 인민들은 빨갱이인가 아닌가?

나 자신이 당신에게 질문을 했지만 자문자답(自問自答)하겠다.

우리가 지칭하는 빨갱이의 범주(範疇)는 김가 왕조 아래서 누대를 거쳐 벼슬살이를 했거나 김가 왕조를 떠받들고 그 대가로 호의호식한 자, 고위층 인사 등을 제외한 일반 인민은 '빨갱이'가 아니고

'빨갱이' 축에도 못 든다고 판단한다.

두 번째 질문이다.

당신과 아류들은 언필칭 입만 열었다 하면 일본과 선린관계를 도모하는 선량한 국민을 친일(親日)이라는 굴레를 씌워 비난도 모자라 굴욕까지 준다. 친일의 범주 또한 어디인가?

역시 자문자답(自問自答)하겠다.

우선 '빨갱이' 측에도 못 끼는 북한 인민을 생각해 보자. 왜 그들이 3대 80년을 이어 굴종의 삶을 사는지 생각해 보자. 만약 당신이나 아류들에게 어떤 떼강도가 이유도 없이 정수리에 총구를 들이대거나 옆구리에 착검(着劍)한 총구를 들이대고 강요를 한다면 '날 죽여라!' 하고 외칠 것인가, 아니면 '살려 주시오!' 하겠는가? 그 답을 들을 필요는 없다. 총과 칼, 이것이 북한 인민들이 80년 가까이 꼼짝 못 한 이유이다.

친일(親日), 일본의 36년 압제가 그러지 않았을까? 당신과 아류들 말대로 하자면 일본은 당시의 우리네 선조에게 착검한 99식 장총으로 윽박지르고 찌르고 했다. 3·1운동처럼 다구리로 일어나 독립을 외치며 만세를 부를 수도 있었지만, 며칠 만에 제압을 당한 뒤 집요한 일본 순사나 경찰이 개개인을 체포하거나 수사를 했을 때 과연 몇 명이나 자신의 존재를 알리고 항일(抗日)투쟁을 했을까? 안타깝게도 그러하지 못하고 국외로 도망가서 소위 독립운동을 한 게 임시정부고 독립군이 아니었던가?

그 일본군이 도망친 독립운동가들 대신 그 가족, 친지, 이웃 등 국내에 남아 있는 조선 백성들에게 도망친 그들의 거처나 암약(暗躍) 상을 대라고 정수리나 옆구리에 총구를 들이대며 '천황 만세!', '황국 만세!'를 외치게 하며, '천황과 황국'에 대한 송시(頌詩)를 쓰게 하고 찬양(讚揚)의 글을 쓰게 했을 때 과연 몇이나 거절할 수 있었겠는가? 거절하지 못한 그들에게 친일(親日)인사라는 낙인을 찍고 명단을 작성하여 조리를 돌린 게 당신과 그 아류가 아니었던가?

아니야! 그들만 친일한 게 아니야. 일본의 총칼 아래 어쩔 수 없이 송시(訟詩)를 쓰고 글을 썼던 그 분들만이 친일을 한 게 아니야. 해외로 도망치지 못하고 일본의 압제 하에 목숨을 구걸하고 숨 쉬며 살아남은 내 할아버지 아버지 그리고 당신과 아류의 할아버지 아버지 모두가 친일한 인간들이다. 남들은 도망쳐서라도 독립운동을 했지만 그러지 못한 살아남은 비겁한 등신들은 모두가 친일한 것이다.

어떤가? 빨갱이 측에도 못 끼는 빨갱이와 독립에 조금도 기여하지 못하고 36년을 숨죽여 지내며 목숨을 구걸한 친일파의 서럽고 기구한 얘기가 틀린 이야기인가?
당신들 입으로 '빨갱이'를 거론하지 마라! 당신들 입으로 '친일'을 거론하지 마라!
지나친 부정은 긍정이다.
빨갱이 소리가 그렇게 듣고 싶지 않으면 빨갱이 짓 하지 마라!
당신과 아류를 제외한 모든 국민이 '친일' 같지만, 정작 친일을 더한 친일파 놈들이 타인에게 친일의 굴레를 씌우고 패악적 언행을 하는 것은 자신들의 죄악을 숨기기 위한 다른 죄악을 저지르는 것이다. 일본의 압제 시절 조선인 순사의 표독한 패악질과 6·25 당시 완장 차고 죽창 든 완장 패거리들을 상기하기 바란다.

끝으로 우리 할아버지 아버지는 경상도 골짜기에서 빈한한 농부로 사셨지만, 살아 계시며 나를 낳으셨으니 어쩔 수 없이 친일(親日)하셨고, 6·25동란 때 어머니는 팔이 떨어져 나가고, 형은 다리가 없어진 후 북쪽의 모든 인간들을 '빨갱이' 라고 하셨다. 그것이 친일의 잔재고 빨갱이 론이라면 나 역시 친일파이며, 빨갱이를 저주하는 것은 우리 집안의 내림이고 DNA다.

◇ 부록《일본의 사과 성명 총 52회 목록》

– 출처 : 한국 근현대사 연구회 밴드 송산 정광제

우리는 늘 일본이 한 번도 우리에게 사과한 적이 없다고 말하곤 하지만, 그것은 사실이 아니다. 오히려 사과를 해도 우리가 받아들이지 않았다는 게 사실에 가깝다. 사과를 하면 '진정성'이 없느니 하며 '진정성 있게' 사과를 받아주지 않았다.

보상을 하면 한다고, 안 하면 안 한다고 그랬다. 그 사과가 진정성이 느껴지지 않든, 우리가 다른 모종의 이유가 있었든지 간에, 일본은 상당히 많은 양의 사과를 우리 정부를 상대로 했었고, 그것은 거의 정권마다 반복되어 왔었다.

그 사과의 기록을 옮겨 본다.
이 문서는 제2차 세계대전 중 일본 제국이 벌인 전쟁 범죄 및 잔학 행위에 대해서 일본이 공포한 전쟁 사과 성명 목록이다. 이 목록은 아시아의 제2차 세계대전 종전 이후 1950년대부터 2010년대까지 발표한 성명을 나열했다.

※ 1950년대

1. 1957년: 국무총리 키시 노부스케가 버마의 국민들에게: "우리는 방금 지나간 전쟁 중에 우리가 저지른 괴로움을 깊은 후회로 바라봅니다. 속죄를 위한 의지로, 고통을 겪은 사람들에게, 오직 부분적이라도, 일본은 전쟁 배상에 대한 호의와 의무를 충족시킬 준비가 되어 있습니다. 오늘의 일본은 과거의 일본이 아닙니다. 하지만, 우리의 헌법이 가리키는 대로, 일본은 평화를 사랑하는 국가입니다."

2. 1957년: 국무총리 키시 노부스케가 호주의 국민들에게: "당신들에게 표현하고, 당신들을 통해 호주의 국민들에게 전쟁 중에 저질렀던 것을 마음속으로부터 슬퍼하는 것은 나의 공식적 의무이며, 내 개인적인 소망입니다."

※ 1960년대

3. 1965년 6월 22일: 외무부 장관 시나 에쓰사부로가 대한민국의 국민들에게: " '우리의 두 나라' 그곳의 긴 역사는 불행한 시간이었습니다. 이것은 정말로 유감이며 우리는 깊게 후회를 느낍니다." (한일 기본조약에 조인하면서)

※ 1970년대

4. 1970년 11월 29일: 국무총리 다나카 카쿠에이가 중화인민공화국의 국민들에게: "일본 측은 전쟁을 통해 중국인에게 저지른 심각한 피해에 대한 책임을 날카롭게 알아채고, 스스로 깊게 책망합니다. 더욱이, 일본 측은 중국 정부에 의해 제시되는 '관계 복구를 위한 세 개의 원칙'을 완전히 이해하는 태도로서 두 나라 사이 관계의 정상화를 인식할 작정일 입장을 재확인합니다. 중국 측은 스스로 이것에 대해 환영을 표했습니다." (중일공동성명).

※ 1980년대

5. 1982년 8월 24일: 국무총리 스즈키 젠코: "난 과거 전쟁 동안 아시아 국가들에게 심각한 피해를 가했던 것에 대한 일본의 책임을 잘 알고 있습니다." "우리는 침략으로서의 일본의 점령을 정죄하는 비판들이 있음을 인정할 필요가 있습니다." (교과서 문제에 대한 기자 회견).

6. 1982년 8월 26일: 관방 장관 미야자와 기이치가 대한민국의 국민들에게: "첫 번째, 일본 정부와 일본 국민은 과거의 우리나라가 했던 행동들과 파시스트 정부의 길을 따랐던 것이 대한민국과 중화인민공화국을 포함하여 아시아 국가의 국민들에게 큰 피해와 고통을 야기했던 사실을 그런 행동이 다시는 반복되지 말아야 한다는 후회와 마음가짐으로서 깊게 알고 있습니다. 일본은 1965년 일-한 공동 성명에서 '과거의 관계는 유감스럽고, 일본은 깊은 후회를 느낀다.'

그리고 일-중 공동 성명에서, 일본은 '일본이 과거 전쟁을 통해 중국 국민에게 야기했던 심각한 피해에 대한 책임감을 날카롭게 알아채고 깊게 스스로 책망한다.'고 인정했습니다. 이 성명들은 일본의 후회와 내가 진술했던 결정과 이 인식이 오늘날 모두 바뀌지 않았음을 확증합니다. 두 번째, 일-한 공동 성명, 그리고 일-중 공동 성명의 이 정신은 당연히 일본의 학교 교육과 교과서 인증에서 존중받아야 합니다.

7. 1984년 11월 6일: 히로히토 천황이 전두환 대통령에게: "오늘날 이 기간 동안 우리 사이의 불행한 과거가 있었던 것은 참으로 유감입니다. 그리고 난 이것이 다시 반복되지 말아야 한다고 믿습니다. (전두환 대통령과의 회담에서)

8. 1984년 11월 7일: 국무총리 나카소네 야스히로: "일본이 당신의 나라와 국민들에게 거대한 고통을 가지고 왔던 기간이 이 세기에 있었습니다. 난 이 자리에서 일본의 정부와 국민들이 이 오류에 대해 깊은 유감을 느낀다는 것을 진술하고 싶습니다."

9. 1985년 10월 23일: 국무총리 나카소네 야스히로가 유엔의 연설에서: "1945년 6월 6일에, 유엔 헌장이 샌프란시스코에서 서명됐을 때, 일본은 40개 국가와 무의미한 전쟁을 하고 있었습니다. 종전으로부터, 일본은 걷잡을 수 없는 민족주의와 군국주의, 세계 많은 나라의 국민들과 우리나라에 대대적인 파괴를 가져온 전쟁의 촉진을

깊게 후회했습니다."(유엔에서의 연설)

10. 1989년: 국무총리 타케시타 노보루가 일본 국회의 연설에서: "우리가 반복된 기회를 이전에 명료하게 했던 것 같이, 일본 정부와 일본 국민들은 과거 우리나라의 행동이 이웃 국가들의 많은 국민들에게 괴로움과 상실을 가져왔던 것을 깊게 깨닫고 있습니다. 우리의 후회와 해결로부터 시작하는 것은 그런 일들을 두 번 반복하는 것이 아닙니다, 우리는 그 때부터 '평화 국가'로서의 과정을 따라왔습니다. 이 의식과 후회는 특히 우리나라와 우리와 지리적으로도 역사적으로도 가장 가까운 이웃인 한반도 사이의 관계에서 강조되어야 합니다. 이 기회에 한반도에서 새로운 상황을 직면한 것 같이, 과거 관계에 대한 지구의 모든 사람들에게, 우리는 우리의 큰 후회와 슬픔을 표현하길 원합니다."(일본 국회에서의 연설)

※ 1990년대

12. 1990년 4월 18일: 외무부 장관 나카야마 다로가 대한민국의 국민들에게: "일본은 이 사할린으로 강제이주된 (한국인)분들이 그들의 자유의지가 아니라 일본 정부의 계획에 의해 사할린으로 강제이주 당한 것과 종전 후에 그곳에 남아 있어야 했던 비극에 대해 깊게 사죄합니다."(188번째 외교 국회회의 하원위원회).

13. 1990년 5월 24일: 아키히토 천황이 노태우 대통령과의 회담

에서: "우리 국가에 의해 전해진, 이 불행한 기간 동안 당신의 국민들이 겪었던 고통을 비추어 볼 때, 가장 큰 유감을 느끼지 않을 수 없습니다."(노태우 대통령과의 회담에서).

14. 1990년 5월 25일: 국무총리 가이후 도시키가 노태우 대통령과의 회담에서: "난 과거 특정 기간 동안 우리나라의 행동의 대한 결과로서 한반도의 국민들이 얼마나 참을 수 없는 고통과 슬픔을 겪었는지 겸손하게 비추어 보고 사죄를 표할 기회를 갖고 싶습니다. (일본에서 노태우 대통령과의 정상 회담).

15. 1992년 1월 1일: 국무총리 미야자와 기이치가 기자 회견에서: "위안부에 관하여, 난 내 마음 가장 낮은 곳으로부터 사과합니다. 그리고 형언할 수 없는 고난을 겪었던 분들에게 유감을 느낍니다."

16. 1992년 1월 16일: 국무총리 미야자와 기이치가 노태우 대통령과의 만찬에서: "우선적으로, 우리 일본인들은 우리 국가의 행동으로 인한 과거 특정 기간 동안 당신의 국민들이 경험했던 참을 수 없는 고통과 슬픔에 대한 사실을 마음속에 지니고, 뉘우치는 감정을 절대로 잊지 말아야 합니다. 국무총리로서, 난 한 번 더 마음 깊은 곳의 유감과 당신 국가의 국민들에게 사죄를 표합니다."

17. 1992년 1월 17일: 국무총리 미야자와 기이치가 대한민국 방문에서의 정책 연설에서: "우리 국가와 당신 국가 사이에 잊지 말아야

할 관계는 수 천 년 동안 우리가 공격자였고 당신들이 희생자였던 특정 기간이 있었다는 사실입니다. 난 다시 한번 우리 국가의 행동으로 인해 이 기간 동안 당신들이 경험했던 참을 수 없는 괴로움과 슬픔을 위해 가슴 깊은 유감과 사과를 표하고 싶습니다. 최근 소위 '군 위안부'가 화제로 떠오르고 있습니다. 난 이것과 같은 그 사고가 진심으로 애처롭습니다. 그리고 진심으로 사과합니다."

18. 1992년 6월 6일: 관방 장관 가토 고이치: "정부는 '군 위안부'로서 그들의 국적과 출생지에 관계없이 형언할 수 없는 곤란을 겪은 모든 분들에게 진심으로 사죄와 유감을 표합니다. 다시 반복되지 말아야 할 깊은 양심의 가책과 결단력으로, 일본은 대한민국과 다른 국가들 그리고 아시아 지역의 새로운 미래 지향적인 관계를 만들기 위해 노력하고, 평화주의 국가로서 자국의 위치를 관리할 것입니다. 많은 사람들에게 들은 대로, 난 정말로 이 쟁점에 관해 몹시 슬픔을 느낍니다. 다양한 방면의 사람들의 의견을 들음으로서, 난 그런 곤경을 겪은 사람들에게 우리가 무슨 방식으로 우리의 감정을 표현할 수 있을지 심각하게 고려하고 싶습니다." (한반도, 소위 '군 위안부'에 대한 소식에 대해 관방장관 코이치 카토의 성명).

19. 1993년 8월 4일: 관방장관 고노 요헤이: "의심할 여지없이, 이것은 당시 많은 여성들의 명예와 존엄성에 심한 상처를 입혔던 군 당국의 만행이었습니다. 일본 정부는 다시 한번 자국의 진실한 사과와 참회를 출신 장소와 위안부 여성으로서 헤아릴 수 없는 고통과 치

료할 수 없는 신체적, 정신적 부상을 겪은 이들에 상관없이 모든 이들에게 넓힐 기회를 갖고자 합니다." (위안부 관계 조사 결과 발표에 대한 관방장관 고노 요헤이의 고노 담화)

20. 1993년 8월 11일: 국무총리 호소카와 모리히로가 그의 취임식 후 첫 번째 기자 회견에서: "나 자신은 이것이 공격의 전쟁이었고, 잘못된 전쟁이었음을 믿습니다."

21. 1993년 8월 23일: 국무총리 호소카와 모리히로가 127회 국회 회의에서: "그 때로부터 48년 후, 우리의 국가는 번영과 평화를 누리는 국가 중 하나가 되었습니다. 우리는 이것이 지난 전쟁에서의 궁극적인 희생과 이전 세대 국민들의 업적의 산물 위에 설립됐음을 잊지 말아야 합니다. 우리는 이 기회를 빌어 세계에 과거와 새로운 결정에 대한 참회를 확실하게 표현하고자 합니다. 먼저 이 경우에, 우리는 과거 우리 국가에 의한 침략과 식민 통치가 많은 사람들 위에 크나큰 슬픔과 고통을 가져왔다는 사실을 반성하고 사죄하고자 합니다."

22. 1993년 11월 24일: 국무총리 호소카와 모리히로가 128회 국회 회의에서: "난 정직하게 우리 국가의 행동이 많은 사람들에게 과거에 참을 수 없는 고난과 슬픔을 가져왔다는 인식과 다시 한 번 깊은 유감과 사과를 표현하기 위해 '공격의 전쟁'과 '공격의 행동'이라는 표현을 사용했습니다."

23. 1994년 8월 31일: 국무총리 무라야마 도미이치가 연설에서: "과거의 특정 기간 동안 일본의 행동은 수많은 희생자들이 여기 일본에 있다고 주장했을 뿐만 아니라 근처의 아시아와 오늘날도 고통스러운 상처를 가진 어떤 곳의 사람들을 떠났습니다. 따라서 난 이 기회를 빌어 이 공격 행위들, 식민 통치, 그리고 수많은 사람들에게 참을 수 없는 고통과 슬픔을 야기했던 것과 같은, 일본의 미래 진로가 나의 반전 책무에 맞춰 세계 평화를 만드는 데에 전념해야 할 나라가 돼야 할 것에 기반을 두어 나의 신념을 진술하고자 합니다. 우리 일본인에게 이웃 아시아와 다른 곳의 사람들과 함께 우리 역사를 정면으로 응시하는 것은 피할 수 없는 일입니다. 오직 굳건한 상호의 이해와 양면에서의 고통을 극복함으로써 건설할 수 있는 자신감만이 우리와 이웃 나라들이 함께 아시아—태평양의 미래를 깨끗하게 할 수 있습니다. 많은 여성들의 명예와 존엄성을 흐렸던 '군 위안부'에 대한 논쟁에서, 난 다시 한번 이 기회를 이용하여 나의 깊고 진실한 유감과 사과를 표하고 싶습니다. 뿐만 아니라 이 문제를 다룸으로서, 난 후회와 사과에 대해 그런 감정들을 논증하는 것에 대한 한 방식은 정면으로 과거를 직면하고 미래 세대에게 바르게 전하는 것을 보장하는 것뿐만 아니라, 해당 국가 및 지역과 함께 상호 공동 이해를 증진시키는 일이라고 믿습니다. 이러한 의미에서, 이 사업은 그러한 믿음으로 일관성 있게 만들어져 왔습니다." ('평화, 우정, 그리고 진취성을 교류하다'에서, 국무총리 무라야마 도미이치).

24. 1995년 6월 9일: 하원, 해결 결의안을 통과시킨 일본 국회:

"2차 세계 대전 50주년의 경우에서, 의회는 만행에 희생당한 사람들과 전쟁의 희생자들 그리고 전 세계의 비슷한 만행에 희생당한 자들에게 신실한 조의를 표한다. 많은 식민 통치와 현대 세계 역사 속 공격 행위, 그리고 일본이 그러한 행위들을 과거에 행한 것을 인정한 것, 고통과 곤경을 다른 나라들의 국민들에게 가한 것, 특히 아시아에서, 하원 의원들은 깊은 유감을 표한다." (역사를 교훈으로 평화로의 결의를 새롭게 하는 결의).

25. 1995년 7월: 국무총리 무라야마 도미이치가 성명에서: "이른바 군 위안부에 대한 문제는 당시의 일본군과 관련된, 많은 여성의 명예와 존엄성을 심각하게 더럽힌 하나의 흉터입니다. 이것은 전체적으로 변명할 수 없습니다. 난 군 위안부로서 결코 가까워질 수 없는 감정적, 육체적 부상을 겪은 사람들에게 깊은 사죄를 표합니다." ("아시아 여성 기금" 설립 당시 국무총리 무라야마 도미이치의 성명).

26. 1995년 8월 15일: 국무총리 무라야마 도미이치가 성명에서: "멀지 않은 과거의 특정 기간 동안, 일본은, 자국의 식민 통치와 공격을 통해, 많은 나라의 국민들에게 막대한 피해와 고통을 입혔습니다. 특별히 아시아 말입니다. 그런 실수가 미래에 만들어지지 않았으면 하는 희망에서, 난 생각합니다, 인류애의 정신에서, 이 반박할 수 없는 역사의 사실들, 그리고 다시 한번 여기에 나의 깊은 후회를 표하고, 내 가슴 깊은 곳의 사과를 전합니다." (국무총리 무라야마 도미이치의 성명 '전후 50주년의 종전기념일을 맞아').

27. 1996년 6월 23일: 국무총리 하시모토 류타로가 기자 회견에서: "하시모토는 한국 국민 이름의 일본화 정책 같은 일본의 한반도 식민 지배의 양상에 대하여 언급했고, 이것이 얼마나 한국 국민의 가슴에 상처를 입혔을지는 상상 이상이라고 논평했습니다. 하시모토는 또한 한국 위안부 문제에 관해 어떤 것도 여성의 명예와 존엄성을 이것보다 더 해칠 수 없으며, 깊은 유감과 마음속 깊은 사죄를 알리고 싶다고 언급했습니다." (대한민국, 김영삼 대통령과의 정상 회담의 공동 기자 회견에서).

28. 1998년 1월 13일: 대변인의 발표: "2차 세계 대전 전쟁 포로들에 대한 국무총리 하시모토 류타로의 성명이다.

Q: 지난 밤 수상 블레어와의 만남에서, 국무총리 하시모토께서 정말로 전쟁 포로들에 대해서 사과했습니까?

대변인: 중요한 것은 일본의 국무총리가 직접 영국의 수상에게 직접 2차 세계 대전 중 고통을 받은 사람들에게 깊은 참회와 진심어린 사죄를 표했다는 것입니다. 이것은 국무총리 하시모토와 수상 블레어와의 두 번째 만남이었고, 우리는 특히 올해 회담을 매우 중요하게 여겼습니다. 국무총리 하시모토는 그의 유감과 사죄를 일본 정부를 대신하여 표현했습니다.

: 이것은 매우 중요합니다. 수상 블레어는 이 문제에 대하여 국무총리 하시모토가 발표한 성명의 중요성을 충분히 이해합니다. 객관적으로 대화한 후의 그의 기자 회견 기회는 두 신사가 나누던 대화를 반영합니다.

(대변인에 의한 기자 회견) 후속 인터뷰로, 국무총리 하시모토의 대변인 타나카는 분명하게 말했다. "우리의 사죄에 대한 감정과 참회에 대한 감정은 지난 세계대전을 경험했던 모든 나라들에게 연설되었습니다."

29. 1998년 7월 15일: 국무총리 하시모토 류타로가 네덜란드 수상 윌리엄 콕에게 보내는 편지에서: "소위 '군 위안부' 문제에 관한 도덕적 책임을 매우 잘 알고 있는 일본 정부는 이 문제에 관해 국립 보상을 보내는 프로젝트를 시행하는 아시아 여성 기금과의 긴밀한 협력으로 이 문제를 진심으로 다루고 있습니다. 당시 일본 군 당국과 관련된 위안부 문제를 인식하는 것은 수많은 여성들의 명예와 존엄성에 대한 중대한 모욕이었습니다. 난 위안부로서 헤아릴 수 없는 고통스러운 경험을 겪고 치료할 수 없는 신체적, 정신적 부상을 입은 모든 여성들과 각하께 나의 가장 진실한 사죄를 전하고 싶습니다. 1995년 국무총리의 성명으로서, 일본 정부는 과거 네덜란드를 포함한 많은 나라들의 국민들에게 일본에 의해 야기된 거대한 피해와 고통에 대해 깊은 참회와 진심어린 사과를 갱신합니다. 그리고 나 자신은 작년 6월 네덜란드 방문에서 이런 감정으로 인도 기념비에 헌화했습니다." (그 때의 일본 국무총리 류타로 하시모토가 보낸 편지의 내용).

30. 1998년 10월 8일: 아키히토 천황이 대한민국 대통령 김대중 씨와의 만찬 연설에서: "우리 국가가 한반도에 크나큰 고통을 가져온 기간이 있었습니다. 내가 이것에 대해 느끼는 깊은 슬픔은 절대

잊혀지지 않을 것입니다."

31. 1998년 10월 8일: 국무총리 오부치 게이조가 선언에서: "이 세기에서 일본과 대한민국 사이의 관계를 돌아보면서, 국무총리 오부치는 겸손한 자세로 과거 특정 기간 동안 일본이 야기한, 식민 통치로 인한 대한민국 국민들의 피해와 고통의 역사의 사실에 대해 언급했고, 이 사실에 대해 깊은 참회와 가슴 어린 사죄를 표현했습니다. 대통령 김대중은 진심으로 국무총리 오부치의 역사에 대한 인식을 받아들였고 이것에 대한 감사를 표했습니다. 그는 또한 친절한 협력과 선린관계 뿐만 아니라 화해를 기반으로 한 미래 지향적인 관계를 건설하고 그들의 불행한 역사를 극복하는 현재 양 국가의 관점을 표시했습니다." (한일 공동 선언).

32. 1998년 9월 26일: 국무총리 오부치 게이조가 선언에서: "양쪽은 정면으로 과거를 응시하는 것과 정확하게 역사를 이해하는 것이 일본과 중국 사이의 발전하는 관계를 위한 중요한 토대라고 믿습니다. 일본 측은 1972년 일본 정부와 중국 정부의 공동 성명과 1995년 8월 15일 이전 국무총리 무라야마 도미이치의 성명을 준수합니다. 일본 측은 과거 특정 기간 동안 중국에 맞선 공격을 통해 중국 국민들에게 야기한 심각한 피해와 곤궁에 대한 책임을 예민하게 받아들이고 이것에 대해 깊은 사죄를 표합니다. 중국 측은 일본 측이 역사로부터 교훈을 얻고, 평화와 발전의 길에 붙길 희망합니다. 이것에 기초해서, 양쪽은 우정의 오래된 관계를 발전시킬 것입니다."

(일본-중국 관계).

※ 2000년대

33. 2000년 8월 10일: 일본 총영사 우메즈 이타루가 홍콩에서: "사실, 일본은 명확하게 반복해서 자국의 진실한 참회와 사죄를 표해 왔고, 배상 문제를 진실하게 처리해 왔습니다. 이 사과들은 반박의 여지없이 표현됐고, 특별히 1995년 국무총리 모리 요시로를 포함해서, 내각 결정과 성공적인 총리들에 의해 그 뒤로 유지되어 온 것에 기초한 내각총리대신 무라야마 도미이치의 공식 성명에서, 무라야마 씨는 일본이 자국의 식민 통치와 공격성을 통해, 많은 나라의 국민들에게 특히 아시아 국가들에게 거대한 피해와 고통을 야기했다고 말했습니다. 이러한 실수가 미래에 만들어지지 않기 위한 희망에서, 난 겸손한 마음으로, 이 반박할 수 없는 역사적 사실들, 그리고 여기에서 다시 한번 내 깊은 참회의 심정과 가슴 깊은 사죄를 진술합니다." (일본이 자국의 과거에 직면함. 극동 경제 검토, 2000년 8월 10일).

34. 2000년 8월 30일: 외무부 장관 고노 요헤이가 중국 방문 중 연설에서: "난 일본의 역사의 자각이 2차 세계대전 종전 5주년 기념일에서 내각 결정에 따라 국무총리 무라야마 도미이치가 제기했던 성명 속에서 분명하게 출발됐다고 믿습니다. 내각의 구성원으로서, 난 그 성명의 초안에 참석했습니다. 그 안에 들어 있는 것은 이후 성공적인 관리에 의해 가결되었고 지금은 일본 국민들 대다수의 일반

적인 관점입니다." (외무부 장관 고노 요헤이의 중국 방문 중 연설).

35. 2001년 4월 3일: 관방 장관 후쿠다 야스오: "일본은 멀지 않은 과거의 기간 동안, 많은 나라의 국민들에게 특히 아시아 국가들에게 식민 통치와 공격을 통해 큰 피해와 고통을 일으켰던 것을 겸손히 인정하며, 이것에 대해 깊은 참회와 진실한 사죄를 표합니다. 이러한 인정은 이후 내각에 의해 계승되었고 현재 내각에선 이것에 관한 변화가 없습니다." (2002년부터 고등학교 학생에게 사용되는 역사 교과서에 대한 관방 장관 후쿠다 야스오의 논평).

36. 2001년 11월 8일: 외무부 장관 다나카 마키코가 연설에서: "우리는 지난 전쟁 동안 일본이 많은 나라의 국민들에게 큰 피해와 고통을 일으킨 것을 잊지 않았습니다. 많은 이가 그들의 소중한 생활을 잃었고 부상당했습니다. 전쟁은 이전 전쟁 포로를 포함하여 많은 사람들에게 치료할 수 없는 상처를 남겼습니다. 겸손한 정신으로 이러한 역사적 사실을 대면하면서, 난 오늘 1995년 무라야마의 성명에서 표현된 우리의 깊은 참회와 가슴 속 깊은 사죄를 재확인합니다." (샌프란시스코 평화 조약 체결 50주년 기념행사에서 외무부 장관 마키코 타나카의 연설).

37. 2001년 10월 15일: 국무총리 고이즈미 준이치로: "담화 동안, 김 대통령은 국무총리 고이즈미가 일본의 식민지 지배에 대한 참회와 사죄를 표한 서대문 독립 공원에서 그의 발언에 매우 감사했습니

다."(일본 국무총리가 한국을 방문하다).

38. 2001년: 국무총리 고이즈미 준이치로 (또한 1995년부터 하시모토 류타로, 오부치 게이조, 모리 요시로를 포함해 모든 국무총리에 의해 서명됨)가 편지에서: "일본의 국무총리로서, 난 이와 같이 위안부로서 헤아릴 수 없는 고통스러운 경험을 겪고 치료할 수 없는 신체적, 정신적 부상을 입은 모든 여성들에게 나의 가장 진실한 사과와 참회를 새로 넓힙니다. 우리는 과거의 무게를 피해서도, 미래에 대한 책임을 피해서도 안 됩니다. 난 우리나라가 사죄와 참회의 심정으로 자국의 도덕적 책임에 대해 잘 알고 있을 것이라고 믿으며, 정면으로 과거 역사를 바라보고 이것을 정확히 미래 세대에 전달해야 합니다."(국무총리 고이즈미 준이치로가 이전 위안부에게 보내는 편지로부터).

39. 2002년 9월 17일: 국무총리 고이즈미 준이치로: "일본 측은 겸손한 마음으로 과거 식민 통치로 인해 한국 국민에게 거대한 피해와 고통을 야기한 역사적 사실에 대해 언급하며, 깊은 조의와 사죄를 표합니다."(조일평양선언)

40. 2003년 8월 15일: 국무총리 고이즈미 준이치로: "전쟁 동안, 일본은 많은 나라의 사람들 특히 아시아 국가들에게 큰 피해와 고통을 야기했습니다. 일본의 국민을 대신하여, 나는 이로써 내가 희생자들에게 신실한 애도를 표한 것과 같이 내 깊은 참회의 심정을 갱신합니다."(전사자에 대한 58기 기념행사에서 국무총리 고이즈미 준이치로

의 연설).

41. 2005년 4월 22일: 국무총리 고이즈미 준이치로: "일본은 겸손한 정신으로 역사적 사실을 정면으로 바라봅니다. 그리고 항상 머릿속에 새겨져 있는 깊은 참회와 진심 어린 사죄의 감정으로, 일본은 2차 세계대전 종전부터 끊임없이 경제적 힘을 군사적 힘으로 전환하지 않으면서, 모든 문제를 평화적인 수단으로 해결하는 원칙으로, 의지를 힘으로 쓰는 일이 없이 단호하게 유지해 왔습니다. 일본은 다시 한번 세상의 번영과 평화를 위해 기여하는 해결책을 제시할 뿐 아니라, 신뢰의 관계를 존중하는 것을 세계의 국가들과 즐깁니다." (2005년 아시아-아프리카 정상에서 일본 국무총리의 연설).

42. 2005년 8월 15일: 국무총리 고이즈미 준이치로: "과거에, 일본은 식민 통치와 공격을 통해 많은 국가의 국민들, 특히 아시아 국가들에게 거대한 피해와 고통을 입혔습니다. 진심으로 이러한 역사적 사실을 마주하면서, 난 다시 한번 깊은 참회와 가슴어린 사죄의 마음을 표하고, 또한 전쟁에서 국내와 해외 모두의 희생자들에게 애도의 마음을 표합니다. 난 끔찍한 전쟁의 교훈을 악화시키는 것을 허락하지 않고, 전쟁을 다시 수행함 없이 세계의 번영과 평화에 기여하기로 정해져 있습니다."

43. 2007년 3월 1일: 국무 총리 아베 신조가 신문 기사에 1993년에 성매매 업소의 사용을 이미 인정했더라도 일본 정부가 성노예를

유지했다는 증거는 없다고 진술했다. 3월 27일, 일본 의회가 공식적 사과를 제기했다. 이것은 성노예로 이용됐던 일본 정부로부터의 사과를 요구한 생존 위안부에 관한 것이었다.

44. 2009년 5월 9일: 일본 정부가 미국에 있는 대사관을 통해 죽음의 바탄 행진에서 고통을 겪은 전 미국인 전쟁 포로들에게 사과했다.

※ 2010년대

45. 2010년 2월 11일: 외무장관 오카다 가쓰야: "난 100년 전 한국인들의 나라와 국가적 자존심을 박탈했던 것을 생각합니다. 난 자신들의 나라를 잃고 자존심의 상처를 입었던 사람들의 감정을 이해할 수 있습니다." 오카다가 공동 소식 회의 동안 한국 외무장관 유명환에게 말했다. (이것은 일본의 한국 식민지 합병 100주년을 표시하는 성명이었으며, 특별히 일본의 전쟁 행위에 관련된 것이 아니다.)

46. 2010년 8월 10일: 국무총리 간 나오토가 한국에 대한 일제의 식민지배 시기 동안의 '가학 행위에 대한 깊은 유감'을 표명했다. 일본의 교도 통신사는 또한 내각 의원들이 성명을 지지했다고 보도했다. 덧붙여, 간은 한국이 요구하고 있었던 귀중한 문화유산을 돌려줄 것이라고 말했다. 그중에서도 한국 고대 왕조의 기록이었다.

47. 2010년 11월 13일: 외무장관 오카다 가쓰야가 2차 세계대전 동안 일본인들에 의해 수감자로 갇혔던 6명의 1942년 죽음의 바탄 행진의 생존자인 90세 레스터 테니를 포함한 전 미국 참전용사 집단에게 사과했다. 6명과 그들의 가족, 그리고 사망한 두 명의 가족들이 전 미국인 전쟁 포로들과 미래에 일본을 방문할 다른 나라의 전 수감자들을 볼 프로그램에서 일본 정부의 경비로 일본 방문에 초대됐다.

48. 2010년 12월 7일: 국무총리 간 나오토가 1910년 합병의 100주년 기념일에 만들어진 성명의 일부분으로서 한국의 식민지 아래 겪었던 고통에 대해 사과했다. "난 식민지 지배로 인해 야기된 크나큰 피해와 고통에 대해 갱신된 깊은 유감과 마음 깊은 사과를 표합니다." 간이 말했다. 간은 일본이 그들의 국가적 자존심에 거대한 피해와 결과로서 문화와 주권의 손실을 겪은 '한국 국민들의 의지에 반하여서' 한국을 식민지화했고, 덧붙여 그는 역사를 해결하기 위해 용기와 겸손으로 자신의 나라에 정직한 관점을 가지고 바라보고 싶다고 말했다.

49. 2011년 3월 3일: 외무장관 마에하라 세이지가 일본 정부의 내빈으로서 제국 시대 일본 포로였을 동안 그들이 받은 학대에 대해 일본을 방문한 호주인 전쟁포로 집단에게 사과했다.

50. 2011년 12월 8일: 의회 차관 외무정무차관 토시유키 캣은 홍콩전투 후의 캐나다인 전쟁 포로의 대우에 대해 캐나다에 사과했다.

51. 2013년 1월 9일: 2009년부터 2010년까지 일본의 국무총리 하토야마 유키오는 난징 방문 동안 중국 내의 일본인 전쟁범죄에 대한 희생자들에게 정식 사과를 제기했다. 이전 국무총리는 또한 일본 정부에게 중국에서 댜오위다오, 일본에서 센카쿠로 알려진 섬의 주권에 관해 두 나라 사이의 논쟁을 인정해 달라고 촉구했다.

52. 2014년 4월 9일: 주필리핀 일본 대사 토시나오 우라베는 바탄 용맹 행사의 날에 '진실한 사죄'와 '깊은 유감'을 표하고 '다시는 전쟁을 일으키지 않을 것'을 맹세했다.